Sigrid Csurda-Steinwender

Räuchern
Raunacht
Rituale

Sigrid Csurda-Steinwender

Räuchern Raunacht Rituale

Aufgeräumt und befreit
durch das Jahr

Dieses Buch widme ich dir, lieber Edi.
Jedem Ende wohnt zugleich ein Anfang
inne. Möge dein Kreis sich schließen
und die Spirale breiter sein.

Inhalt

Worum es in diesem Buch geht   10

ERKENNEN UND WERTSCHÄTZEN

WAHRNEHMEN UND VERSTEHEN

Der Raum   14
- Der Raum, der Mensch und das Dazwischen   14
- Die Kraft der Materie und das Gedächtnis der Räume   16

Die Zeit   19
- Das Zeitverständnis unserer Ahnen – das keltische Jahresrad   19
- Mond und Sonne und die Rhythmen der Natur   20

WERTSCHÄTZEN UND DANKBAR SEIN

Raum und Materie   23
- Dem Raum Leben geben – dem Leben Raum geben   24
- Stille Mitbewohner   27

Zeit und Energie   29
- Die Kraft der Ahnen   29
- In den Rhythmus finden   31

HANDELN UND VERÄNDERN

LOSLASSEN UND VERÄNDERN

Aufräumen und Ordnung schaffen   36
- Das Zuhause im Wandel der Zeit   36
- Die Macht der Gegenstände   37
- Platz schaffen für das Leben   39
- Wohin ein Zuviel führt   39
- Wie Aufräumen und Entrümpeln gelingt   47

Räuchern	**63**
Energetische Raumreinigung – worum es wirklich geht	63
Das Räucherritual – Aufbau und Gestaltung	66
Wahl Ihres Räucherwerks	72
Die Zeit der Raunächte	**76**
Zwischen den Zeiten	76
Die zwölf Raunächte und ihre Essenz	80
Ausblick für das Neue	97
Rituale im Jahreskreis	**100**
Herbst-Tagundnachtgleiche am 21. September	101
Samhain am 1. November	104
Wintersonnenwende am 21. Dezember	105
Imbolc am 1. Februar	108
Frühlings-Tagundnachtgleiche am 21. März	110
Beltaine am 1. Mai	112
Sommersonnenwende am 21. Juni	113
Lugnasad am 1. August	114

SPÜREN UND SEIN

AUFATMEN UND GENIESSEN

Weniger Haben – mehr Sein: Zurück zur Essenz	118
Achtsam sein und es auch bleiben	118

Dank	124
Über die Autorin	125
Quellen	126

Worum es in diesem Buch geht

Gerade in der heutigen Zeit ist es zunehmend ein Grundbedürfnis, unser Zuhause zu einem schützenden und nährenden Ort der Ruhe und der Kraft werden zu lassen. Der Anspruch an die Räume, in denen wir wohnen und arbeiten, geht weit über das primäre Schutzbedürfnis nach einer Behausung hinaus. Vielmehr geht es heute vor allem darum, unsere Räume optisch und energetisch so zu gestalten, dass sie zu *Lebens*-Räumen werden, in denen wir auf persönlicher Ebene wachsen und uns entfalten können.

Neben der sichtbaren Gestaltung und Einrichtung sind es die unsichtbaren energetischen Schwingungen, die unsere Wohnräume prägen und beleben. Daraus ergibt sich für jeden Raum eine einzigartige Stimmung, die stärken, aber auch schwächen kann. Das Zusammenwirken dieser individuellen Energien und Kräfte sowie die Gestaltung und Einrichtung eines Raumes beeinflussen unser seelisches und körperliches Wohlbefinden. Im Einklang von Raum und Mensch entsteht ein stärkendes und nährendes Zuhause für die persönliche Entfaltungsmöglichkeit in den eigenen vier Wänden.

Ergänzend zum räumlichen Aspekt schlägt dieses Buch die Verbindung zur zeitlichen Ebene: Der Mensch erfährt im Raum – als stabilisierenden und schützenden Rahmen – Impulse zum Wachstum über die Schiene der Zeit. Dazu tauchen wir in das alte Wissen unserer Kultur und unserer Ahnen ein: Das keltische Jahresrad wird zum roten Faden durch das Jahr und durch die Raunächte. Dieses Zeitverständnis unserer Ahnen öffnet eine weitende und freiere Perspektive auf die Zeit und wird dem heutzutage oft einengenden Erlebnis von Zeit gegenübergestellt.

Im keltischen Jahresrad liegt das besondere Augenmerk auf den Rhythmen des Lebens und der Natur. Aus diesen regelmäßigen und immer wiederkehrenden Abläufen baut sich der Kreislauf eines Jahres auf. In den heutigen Zeiten ist unser Leben stark durchgetaktet: Die Zeit läuft in Stunden, Minuten, Arbeitszeiten und Freizeit ab und ehe wir uns versehen, bestimmt die Monotonie dieser linearen Rhythmen unser Leben und unser Sein.

In diesem Buch wollen wir diese Taktgebung bewusst durchbrechen und den Blick auf die Rhythmen in und um uns lenken, denn ein befreiendes Zeit- und Raumverständnis erreichen wir dann, wenn wir zu den natürlichen Lebensrhythmen zurückfinden und diese als ausbalancierenden Gegenpart achtsam in unseren Alltag einbinden.

Dieses Buch trägt ebenso seinen eigenen Rhythmus in sich. Lassen Sie sich dazu anregen, aus dem üblichen Denkschema und dessen linearem Zeitverständnis auszusteigen und die alten und lebendigen Rhythmen der Zeit neu zu finden und zu leben.

Rituale sind Möglichkeiten, einfach und effizient den Rahmen des Gewohnten zu verlassen und dem Alltäglichen den Hauch des Besonderen zu geben. Das Durchbrechen des Normalen und Gewohnten führt aus der alltäglichen Routine hinaus. Es weckt auf, macht aufmerksam und achtsam – und führt sanft zurück ins Leben und hin zum bewussten Präsentsein in Raum und Zeit.

Dieses Buch baut sich in drei Stufen der Wahrnehmung auf:

- Erkennen und Wertschätzen
- Handeln und Verändern
- Spüren und Sein

Auch bilden drei Stufen den Rahmen für jedes Ritual, das in diesem Buch vorgestellt wird:

- Wahrnehmen, was ist
- Loslassen
- Aufatmen und befreit weitergehen

1.

Erkennen und wertschätzen

Im ersten Teil des Buches wollen wir stehen bleiben, aus der Hektik und der Hast des Alltags aussteigen und bewusst wahrnehmen und verstehen, wo und wie wir uns im Moment befinden. Neben dem Aspekt der Zeit betrachten wir zuerst den Raum, der uns umgibt: Der Raum, der Mensch und das Dazwischen.

Wahrnehmen und verstehen – Der Raum

Anders als ein Ort, der im Wesentlichen als Punkt oder Fläche verstanden wird, hüllt **der Raum** den Menschen in seiner Dreidimensionalität ein. Der Raum birgt uns, nährt uns, schützt uns und prägt uns durch seine physische und energetische Qualität.

Der Raum, der Mensch und das Dazwischen

Um einen Raum zu definieren, braucht es die Grenze. Auf Wohnebene wird der sichtbare Raum durch greifbare Grenzen wie Wände, Decken und Böden festgelegt. Wir Menschen brauchen den stabilen Raum als Rahmen, um uns selbst zu erfahren, unser Sein zu erleben und aus unserer Mitte heraus zu gestalten. Wir erfahren aus dem Raum Impulse, die uns aus uns herausgehen lassen und uns in die bewusste oder unbewusste Interaktion mit unserem Umfeld zwingen.

Der uns am meisten vertraute Raum ist der eigene Wohnraum, in dem wir einen wichtigen Teil unseres Lebens verbringen. Es ist auch das eigene Zuhause, in dem wir die Verbindung zwischen Mensch und Raum am intensivsten wahrnehmen und erleben – immerhin ist dieser Raum von uns selbst gestaltet und eingerichtet. Er trägt unsere persönliche Handschrift und wird durch unsere individuelle Gestaltung einzigartig und unverwechselbar. Somit ist der eigene Wohnraum eine Projektion des eigenen Seins, der eigenen Bedürfnisse und Lebensvorstellungen. Als unsere dritte Haut, die uns umgibt, ist er ein Spiegel unseres Lebens. Der Raum als Spiegel ist ständig im Austausch mit dem »Darin«, mit dem Inhalt und dem »Wesen«, der Atmosphäre des Raumes und somit in ständiger Interaktion mit uns selbst.

> Unsere erste Haut ist unsere Körperoberfläche, unsere zweite Haut ist unsere Kleidung.

Was ist nun entscheidend, wenn wir ein Haus oder eine Wohnung als Zuhause wählen? Auf den ersten Blick sind dies zunächst einmal die sichtbaren Faktoren: die Lage, die großräumliche Anbindung des Objekts, Größe, Anzahl und Anordnung der Räume sowie auch die Grundrissgestaltung. All diese Aspekte lassen uns unsere erste Entscheidung für oder gegen ein Heim treffen.

Darüber hinaus spielen bei der Wahl eines Zuhauses aber auch unsichtbare und energetische Faktoren eine wesentliche Rolle. Es sind die feinen Schwingungen und feinstofflichen Dimensionen, die einen Raum auf unsichtbare Weise prägen. Oder anders formuliert: Die dem Raum zugrundeliegenden Energiefelder erzeugen dessen unverwechselbare Stimmung, mit denen *jeder* Mensch in Resonanz geht.

Der Wohnraum ist der Spiegel unserer Seele und unseres Seins.

DER RAUM

Das bestehende Energiefeld nehmen wir unbewusst und unmittelbar bei Betreten von Räumen wahr und ordnen es für uns ein. Wir spüren eine Resonanz, lange bevor wir die sichtbaren Faktoren für uns als passend oder unpassend erkennen. Die Kräfte des Ortes und Energien des Raumes bestimmen maßgeblich mit, ob wir uns in einem räumlichen Umfeld wohlfühlen.

Das Energiefeld von Räumen ist kein statisch gleichbleibendes System. Wie auch wir Menschen in unseren Stimmungen veränderbar sind, ist auch das Energiefeld – das Wesen von Räumen – lebendig und verändert sich im Lauf der Zeit.

Die Kraft der Materie und das Gedächtnis der Räume

Alles um uns herum ist Energie, Energie geht niemals verloren. Auch feste Materie, wie die uns umgebende Raumsubstanz, hat seine eigene Schwingung und energetische Grundstruktur. Jegliches Inventar und jeder Gegenstand in unserem Zuhause hat sein eigenes Energiefeld und ist in das energetische Gesamtgefüge auf seine bestimmte und bestimmende Art und Weise eingebunden. Diese Melange aus Kraftfeldern bildet unser energetisches Umfeld und beeinflusst uns Menschen ständig: Es sind dies unsere Möbel, unser Inventar, Bilder, Symbole, Farben, Formen, mit denen wir uns umgeben. Wie der Mensch mit seinem Raum in ständiger Interaktion steht, beeinflussen auch wir mit unserem Sein, unserem Tun, unserem Denken und Fühlen unsere Umgebung und kreieren so unsere Realität.

Das Gedächtnis unseres Raumes merkt sich alles, was im Lauf der Zeit in diesem Raum geschieht.

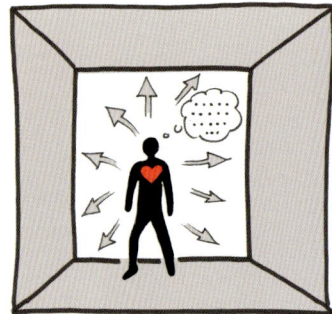

Gedanken und Gefühle, die wir erzeugen, sind ebenfalls eine Form der Energie. Sie sind nicht weg oder lösen sich in Nichts auf, sobald sie unseren Körper über Worte oder Taten »verlassen« haben. All diese Energien bleiben erhalten und wirken weiter – egal, ob es sich dabei um positive oder negative Gefühle oder Gedanken handelt.

Das Gedächtnis unseres Raumes merkt sich alles, was im Lauf der Zeit in diesem Raum geschieht. Jeder Gedanke, jedes Gefühl wird im Raum und im Speicher der Materie abgelegt. Auch jede Form der alltäglichen Handlung oder auch das einmalige Auftreten eines Ereignisses legt sich in diesem Gedächtnis der Räume ab. Je spezieller, »unalltäglicher« und emotional tiefgehender ein Ereignis oder Gefühl ist, umso prägender brennt sich dieses im Speicher der Materie ein.

Gerade blockierende Energien, die aus Streit, Missverständnissen, Gewalt oder aufgrund anderer, den Rahmen des Normalen sprengende Handlungen entstehen, hängen oft wie ein energetischer Schatten in unseren Räumen fest. Je häufiger ein gewisses Energiemuster auftritt, umso dichter wird dessen energetischer Schatten, der uns mitunter fest im Griff hat.

Immer wieder kommen wir damit in Berührung. Die feinstofflichen Dimensionen entziehen sich weitgehend der zeitlichen Struktur. Es ist unwesentlich, wann sich etwas ereignet hat. Wesentlich prägender für den energetischen Speicher eines Raumes wirkt sich die emotionale Intensität einer Handlung aus. Auch je häufiger ein Energiemuster genährt wird, desto intensiver prägt sich dieses im Gedächtnis eines Raumes oder eines Ortes ein.

Selbstverständlich werden auch stärkende Gefühle, hebende Gedanken und aufbauende Handlungen Teil des energetischen Speichers eines Raumes. Heilige Handlungen und stärkende Rituale heben die Vitalkraft in Räumen stark an und schaffen die Atmosphäre eines heilen Raumes.

Erinnern wir uns daran, dass sich besondere und unalltägliche Handlungen stärker in den energetischen Speicher der Räume einprägen: Eingebettet in ein Ritual, geben wir der energetischen Raumreinigung, aber auch jeder noch so einfachen Handlung besondere Aufmerksamkeit und steigern deren Wirkung und Intensität.

Resonanzen mit im Raum gespeicherten Gedanken und Gefühlen laufen auf der menschlichen Instinktebene und daher meist unbewusst ab. Dennoch – oder gerade deshalb –

beeinflussen die Energiefelder in unserer Umgebung unser Wohlbefinden und im eigenen Zuhause auch unsere Gesundheit, besonders dann, wenn man lange Zeit energetischem Ballast ausgesetzt ist. Je dichter sich dieses energetische Netz um uns webt, umso schwerer fällt es, sich aus dieser Verstrickung zu befreien und neue Wege zu beschreiten oder neue Lösungen zu finden.

Anzeichen, dass das Energiefeld überlastet oder unausgeglichen ist, können sich auf vielfältige Art bemerkbar machen. Wenn Ihnen die folgenden Fragen bekannt sind, ist es an der Zeit, sich dem energetischen Speicher Ihrer Räume zuzuwenden und für frischen Wind zu sorgen:

- Warum passiert mir immer dasselbe?
- Warum gelingt es mir nicht, persönliche Muster zu unterbrechen oder zu ändern?
- Warum habe ich immer Angst vor …?
- Warum sind neue Vorsätze oder Ideen, die ich außerhalb der Wohnung finde, nicht mehr greifbar, sobald ich meine Wohnung betrete?
- Warum gerate ich mit meinen Lieben im Zuhause immer wegen denselben Themen in Streit?

»Halten Sie zwischendurch inne, nehmen Sie bewusst wahr, was ist, um dann entsprechend zu handeln.«

Räume sollen nicht einengen oder begrenzen, sondern sie wollen als Unterstützung zur Entfaltung unseres vollen Potenzials genutzt und verstanden werden. Deshalb ist es ratsam, von Zeit zu Zeit das Energiefeld des eigenen Zuhauses zu reinigen und zu klären. Damit dürfen wir all das loslassen, was unserem Aufatmen und dem reinen Sein entgegensteht.

Räume sollen die persönliche Entfaltung mittragen und stärken: Den Rahmen dafür zu schaffen, liegt in Ihrer eigenen Verantwortung. Je achtsamer Sie sich Ihrem Zuhause und Ihren Lebens-Räumen zuwenden, umso stärker wird die Verbindung zwischen Raum und Mensch. Ein wesentlicher Schlüssel zur stärkenden Lebens-Raum-Gestaltung liegt darin, im rasanten Lauf der Zeit zwischendurch *stehenzubleiben* – bewusst hinzuschauen und *wahrzunehmen*, *was ist* – um dann entsprechend zu *handeln*. Dies in Form eines Rituals zu tun, macht aus dem Handeln eine heilige und heilende Handlung.

Durch dieses bewusste und achtsame Handeln ist es ein Leichtes, aufgeräumt und befreit durch das Jahr zu tanzen.

Wahrnehmen und verstehen – Die Zeit

Sie erinnern sich – der erste Teil des Buches lädt ein, wahrzunehmen und zu verstehen, wo wir denn im **Augenblick** gerade stehen. Neben dem Raum gilt unsere Aufmerksamkeit auch der Zeit.

Das Zeitverständnis unserer Ahnen – das keltische Jahresrad

Das allgemeine Zeitverständnis der heutigen Zeit kennen wir wohl alle besser als uns oft lieb ist: Ein Tag jagt den nächsten, 24 Stunden sind zu kurz, um alles unterzubringen und dabei keinen Stress zu verspüren. Zumindest ist das für die meisten von uns das Tempo, mit dem wir durch die Jahre hasten, die immer schneller vergehen zu scheinen. Manchmal bleibt nicht mal die Zeit, stehenzubleiben, um das, was *ist* zu erkennen und wahrzunehmen. Doch genau das ist es, was wir jetzt tun wollen, und dabei dürfen wir uns vom Zeitverständnis unserer Ahnen helfen lassen:

Den wesentlichen Rahmen für das Leben bildete für unsere frühen Ahnen die Natur mit ihren Rhythmen des Lebens. So erkannten unsere Vorfahren, dass sich alles Leben in Kreisen und Kreisläufen aufbaut. Auch die Zeit verläuft in der Vorstellung unserer Ahnen zirkular, in einem Rad oder einer Spiralbewegung und wird dabei dehnbar. In dieser Kreisbewegung bilden alle Erfahrungen der vorangegangenen Jahre die Basis für die nächsthöhere Ebene in der Spirale des ewigen Lebens. Dies kann in den Rhythmen der Natur sehr gut beobachtet werden – gilt dies doch für jeden Baum, jede Pflanze, die Kreisläufe des Mondes, die Gezeiten des Meeres … und auch für jeden von uns Menschen.

Mond, Sonne und die Rhythmen der Natur

Dem Zeitverständnis unserer Ahnen, das wir heute als das keltische Jahresrad bezeichnen, geben vor allem der Lauf der Sonne und der Lauf des Mondes wichtige Ankerpunkte.

Der Kreislauf eines Jahresrades war und ist geprägt durch vier Sonnenfeiertage und den dazwischenliegenden vier Mondfeiertagen. Somit ergeben sich für den Jahreskreis acht markante Feiertage, die als rituelle Feste gefeiert wurden.

Die Eckpfeiler aus dem Sonnenjahr sind:

- **Wintersonnenwende**
  am 21. Dezember

- **Tag - und Nachtgleiche im Frühling**
  am 21. März

- **Sommersonnenwende**
  am 21. Juni

- **Tag - und Nachtgleiche im Herbst**
  am 21. September

Die ergänzenden Feiertage aus dem Mondkalender sind:

- **Samhain** zu Allerheiligen am 1. November
  Das ist auch der Jahresbeginn der Kelten und der Beginn des Winterhalbjahres. Mit der Dunkelheit wird das Leben geboren und es wächst im Licht.

- **Imbolc** zu Lichtmess am 1. Februar
  Zur »Lichtbrauchnacht« feiern wir die Geburt des Lichts und des neuen Lebens.

- **Beltaine** zu Walpurgis am 1. Mai
  Zu Beginn des Sommerhalbjahres wird das große Fruchtbarkeitsfest gefeiert.

- **Lugnasad** zu Mariä Himmelfahrt am 1. August
  Am Höhepunkt des Seins steht die Ernte am Tag der »Hochzeit des Lichts« ins Haus.

Für unsere Ahnen bildete der Mondkalender einen rituellen Kalender, der im Lauf eines Jahres den gesamten Bogen des Lebens umspannt. Beginnend mit der Geburt und dem Neubeginn zu Samhain läuft die Entwicklung über das Gedeihen des Lebens (Imbolc) zur Blüte (Beltaine) und zur Ernte des Lebens (Lugnasad), bis sich der Kreis des Lebens zu Samhain wieder schließt: Der Tod wird als Transformation und Aufstieg auf die nächste Stufe des Seins verstanden. Zu Samhain übergibt das alte Jahr an das neue, der Kreislauf des Lebens wird auf der nächsthöheren Stufe wiedergeboren und durchläuft aufs Neue alle Stufen des Seins und der Entwicklung.

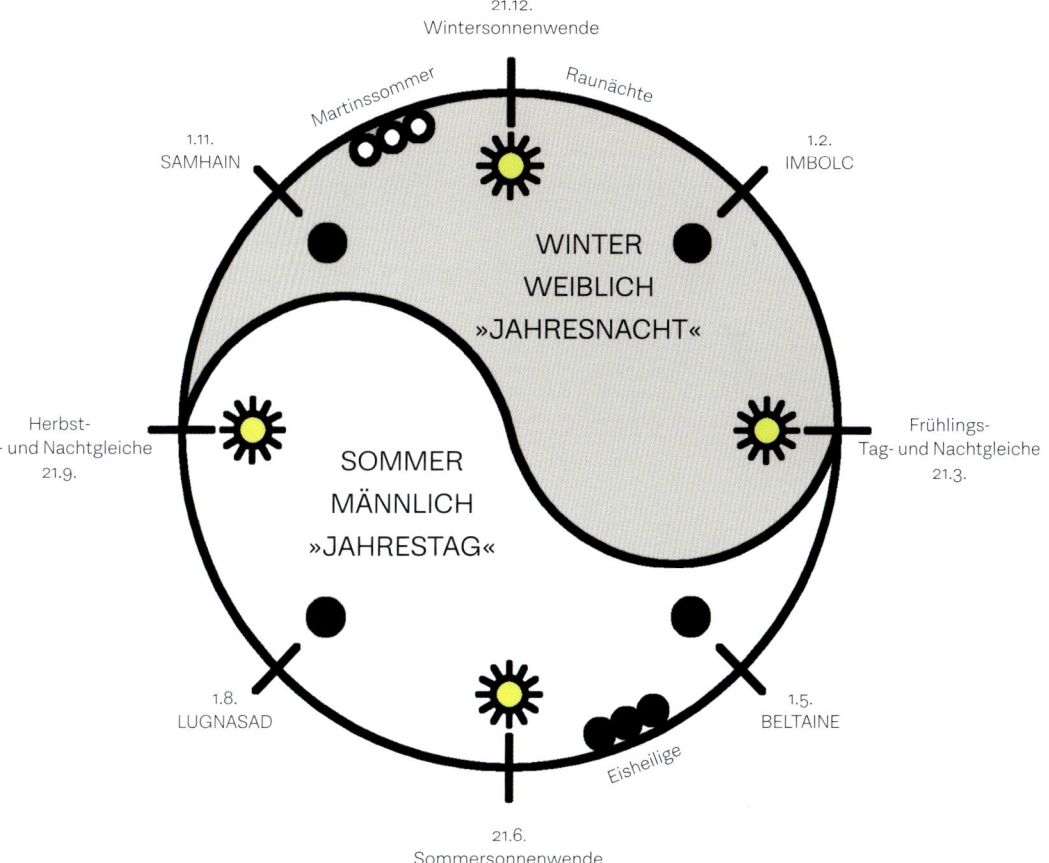

DIE ZEIT

Mit dem Übergang vom Jäger- und Sammler-Dasein des Menschen hin zu Ackerbau und Viehzucht kam zum Mondkalender der Sonnenkalender als wichtige Ergänzung hinzu. Ab nun wurde es wichtig, in Anbetracht der bevorstehenden Jahreszeiten Aussaat und Ernte entsprechend zu planen. Der Lauf der Natur regelt die Balance zwischen der Aktivität im Außen und dem In-die-Stille-Gehen mit dem Rückzug nach innen. Aufgrund der Tatsache, dass die Erde um die Sonne kreist, teilt sich das Jahr in eine dunkle und eine helle Jahreshälfte. Unsere Ahnen verstanden das Winterhalbjahr als stille Jahresnacht und das Sommerhalbjahr als aktiven Jahrestag.

Wo Licht und Dunkel aufeinandertreffen, finden sich immer besondere Energiequalitäten. Der Schleier zur Anderswelt und zu feinstofflichen Energieebenen lichtet sich an solchen Übergängen und macht den Austausch mit anderen Ebenen des Seins für uns Menschen einfacher. Solche besonderen Momente des Übergangs können wir in kleinen wie auch in größeren Zeitebenen bewusst erleben:

- in der Dämmerung
- zum Jahreswechsel
- an den vier Mondfeiertagen, besonders an Samhain
- und natürlich speziell in der Zeit der Raunächte!

Der Mondkalender ist kürzer als der Sonnenkalender, der mit seinen 365 (bzw. 366) Tagen die heute übliche Kalenderzählung umfasst. Aus dem Unterschied zwischen diesen beiden Zyklen ergeben sich zwölf Tage und Nächte, die in die dunkle »Jahresnacht« des Winters fallen. Diese »Zeit zwischen den Zeiten« ist als die Zeit der Raunächte bekannt: Diese wohl mystischste Zeit des Jahres entzieht sich dem stabilen Gerüst des Sonnen- und Mondkalenders und fällt gewissermaßen »aus dem Rahmen«. Von unseren Ahnen wurden diese Tage und Nächte mit besonderer Achtsamkeit gelebt. In dieser Zeit werden – den alten Überlieferungen zufolge – die Samen für das kommende Jahr gelegt. Diesen Aspekt der achtsamen Lebensgestaltung dürfen wir auch heute – angepasst an die Anforderungen der modernen Zeit – mehr und mehr als Anker in unserer schnelllebigen Zeit wiederentdecken und verstehen.

Der Mond und die Sonne bilden den »Rahmen« für das keltische Jahresrad.

DIE ZEIT

Wertschätzen und dankbar sein – Raum und Materie

Der weitende Blickwinkel auf Raum und Zeit des vorangegangenen Kapitels erlaubt Ihnen vielleicht, Ihr Zuhause und Ihr Sein als ein **Geschenk** zu erkennen.

Für all das, was uns im Leben zur Verfügung steht, dürfen wir dankbar sein. Dabei wollen wir den Fokus zu Beginn wieder auf den Raum legen.

Wir Menschen brauchen den uns umgebenden und umhüllenden Raum, um uns selbst und unser Sein zu erfahren und zu erleben. Alles im Raum lässt uns aus uns herausgehen und zwingt uns in eine Form der Interaktion. Dieses Miteinander von Mensch und Raum und dem Dazwischen kann stärkend, aber auch schwächend sein.

Dem Raum Leben geben – dem Leben Raum geben

Um unserem Leben den bestmöglichen Rahmen zu geben, ist es essenziell, sich mit den Räumen, in denen wir leben, zu befassen. Dabei soll uns ein Raum weder überfordern noch einengen. Unser idealer und gesunder Lebensraum ist so beschaffen und gestaltet, dass sich unsere Seele erfreut und unser Herz lacht: dann werden wir uns zutiefst zu Hause fühlen.

Wenn wir uns mit unseren Räumen befassen, geht es – wie bei wohl allen Dingen im Leben – um das richtige Maß. In diesem Fall um das für uns richtige Maß an Enge und Weite, Dichte und Offenheit, Lebendigkeit und Ruhe, Chaos und Ordnung. So individuell wir Menschen sind, so individuell sind auch die Anforderungen an unser jeweiliges Zuhause. Dabei geht es nicht um die Größe der Wohnung oder um die Menge an Mobiliar. Jeder Mensch hat seine eigenen Wohnbedürfnisse und darf diese in seinem Zuhause verwirklichen und sich darin erleben.

Wesentlich ist, sein Leben im eigenen Zuhause mit einem lachenden Herz zu genießen – denn dann hat Ihr Raum Leben und gibt Ihrem Leben Raum! Wir begegnen dem Raum im Außen als Projektionsfläche, um unseren inneren Raum, unseren persönlichen Seelenraum zu spüren und zu leben. Stellen Sie sich einen völlig leeren Raum vor. Müssten wir ein Leben in einer völlig steril anmutenden »Blue Box« führen, würde unsere Seele krank. Wir können dies in sehr großen, leeren und hallenden Räumen erleben. Einen längeren Aufenthalt in Räumen, denen der menschliche Maßstab fehlt, hält unsere Seele nicht aus. Es fehlen Ankerpunkte als Impulsgeber, die Sicherheit, Geborgenheit und Orientierung geben.

Sind die Grenzen zu weit gesteckt, ist der Raum zu groß, zu leer oder zu offen, um von uns Menschen energetisch gefüllt zu werden, führt dies zu Überforderung, Ermüdung und Stress.

In solchen Fällen ist die Interaktion zwischen Mensch und Raum nicht im für uns richtigen Maß gegeben. Bildlich gesprochen beginnen die Grenzen zu zerfließen, der Raum hat keinen Halt, fließt energetisch aus und der Mensch muss den Raum energetisch tragen und halten.

Weder zu groß, zu offen und zu weit noch zu eng, zu dicht und zu voll: Ein »gesunder« Raum braucht die richtige Balance.

Im idealen Fall ist es jedoch der Raum, der den Menschen trägt, hält und schützt. Raum erfordert also Präsenz und Achtsamkeit.

Was aber, wenn der Raum zu eng und zu dicht wird? Wenn zu viel auf zu wenig Raum stattfinden muss? Wenn unser Raum, in dem wir leben, uns zu wenig Luft zum Atmen lässt?

Dies tritt ein, wenn sich im Lauf der Zeit zu viel in unseren Räumen ansammelt und wir den Raum mit zu vielen Gegenständen teilen. Bei einem Zuviel an Gegenständen wird unser persönlicher Raum immer enger und kleiner. Neue Impulse gelangen allerdings nur dann ins Leben, wenn es auch Raum und Platz dafür gibt. Wenn alle Bereiche vollgeräumt sind, fehlen frische Impulse für das Neue. Der Mensch wird in die Stagnation gezwungen, wenn kein Raum zur Bewegung mehr frei ist.

Stille Mitbewohner

Haben wir uns für ein Haus oder eine Wohnung als den passenden Lebensraum entschieden, beginnt die Phase des Einzugs. All unser Besitz und unsere Möbel beziehen die Wohnung gemeinsam mit

Neue Impulse gelangen nur dann ins Leben, wenn es auch Raum und Platz dafür gibt.

Betrachten der eigenen Wohnung mit den Augen eines Gastes

Nehmen Sie sich etwas Zeit und betrachten Sie Ihre Wohnung einmal aus der Perspektive eines Gastes. Stellen Sie sich vor, Sie würden das erste Mal durch Ihre Wohnung gehen. Blicken Sie bewusst alle Gegenstände an, so als würden Sie diese zum ersten Mal sehen. Achten Sie dabei auf die Gefühle, die in Ihnen entstehen. Nehmen Sie bewusst wahr, was Sie sehen. Lassen Sie Ihren Blick besonders in sogenannte »tote Winkel« fallen. Dies sind diejenigen Bereiche Ihrer Wohnung, wo man mal schnell etwas hineinstopft oder Dinge ablegt, weil man gerade keinen richtigen Platz dafür hat. Solche toten Winkel finden sich gerne hinter Türen, in Regalen, Ablageflächen, im Vorraum oder in Schubladen. Ich bin mir sicher, Sie werden bei dieser Art der Betrachtung Ihrer Wohnung auf das eine oder andere Ding stoßen, das Sie schon längst vergessen oder schon lange nicht mehr bewusst angesehen haben.

Betrachten Sie Ihr Zuhause völlig wertfrei. Bitte ärgern Sie sich nicht über sich selbst oder gar über einen Ihrer Mitbewohner. Lassen Sie die Dinge vorerst einfach so sein und nehmen Sie alles wahr, was in Ihrem Besitz ist. Seien Sie dankbar für das, was Sie haben.

Erkennen Sie Ihre stillen Mitbewohner

Nehmen Sie sich etwas Zeit und suchen Sie sich einen Platz, an dem Sie sich gut geerdet und geschützt fühlen. Dies kann in Ihrer Wohnung oder in Ihrem Haus, aber auch woanders sein. Schließen Sie Ihre Augen und nehmen Sie ein paar tiefe Atemzüge. Stellen Sie sich vor, wie Sie die Energien aller Gegenstände in Ihrem Zuhause gedanklich zu sich einladen, spüren und ihre Kraft bewusst wahrnehmen. Achten Sie auf das Gefühl, das in Ihrem Inneren entsteht, wie sich die Kraft Ihrer stillen Mitbewohner anfühlt. Fühlen Sie sich gestärkt, frei, beweglich, emporgehoben … oder fühlen Sie sich erdrückt, beengt, unbeweglich, kraftlos …

Wie auch immer Sie Ihre stillen Mitbewohner wahrnehmen und empfinden – sie sind ein Teil Ihrer Wohnung und Ihres Lebens. Seien Sie dankbar für alles, was Sie wahrnehmen und erkennen. Schicken Sie mit Ihren Atemzügen ein ehrliches Danke an Ihre Wohnung und Ihre stillen Mitbewohner … und danken Sie für all das, was Ihnen zuteilwurde.

Alle Gegenstände und Möbel in Ihrem Besitz sind energetisch mit Ihnen eng verbunden.

uns. Jedes Stück unseres Inventars und unseres Besitzes, das wir in unsere Wohnung mitbringen, ist ein stiller Mitbewohner von uns. Jeder Gegenstand – sei er noch so klein – hat sein eigenes Energiefeld und beeinflusst unseren Wohnraum auf seine eigene Art und Weise. Es gibt keinen Gegenstand, der keine Information abgibt. Alles ist Energie und wirkt auf seine Umgebung ein. Unser Raum gibt den Rahmen für unser Leben vor. Womit wir diesen Rahmen jedoch füllen, liegt in unserer Verantwortung. Es gilt auch hier, das richtige Maß zu finden.

> Fühlt sich Ihr Zuhause gut im Fluss an, oder sind Bereiche darin verstopft? Denken Sie daran: Sie sind, wie Sie wohnen.

Ein Zuviel an Gegenständen kann Ihnen leicht das Leben verstellen. Wenn alle Plätze und Bereiche in der Wohnung besetzt sind, gelangen keine neuen Impulse in den Wohnraum und ins Leben. Es gibt keinen Raum für Neues, weder materiell noch energetisch. Stagnation des Energieflusses ist die Folge: sowohl im Wohnraum selbst, aber darüber hinaus auch im persönlichen Leben.

Alle Gegenstände in unseren Wohnungen weisen ein eigenes Energiefeld auf. Sie besitzen gewissermaßen ein Eigenleben. Nichts steht zufällig herum. Alles, das sich in unseren Wohnungen befindet, hat oder hatte seine spezielle Bedeutung für uns. Je intensiver die persönliche Bindung an einen Gegenstand ist, umso stärker ist auch dessen energetische Prägung. Ein alltäglicher Gebrauchsgegenstand prägt das Energiefeld der Wohnung in weniger hohem Maß als ein geliebtes Erbstück oder ein Familienfoto, das auch auf der emotionalen Ebene andockt. Mit anderen Worten: Gegenstände und Möbel, Bilder und Skulpturen beeinflussen uns über ihre energetische Prägung, die sie unserem Wohnraum geben.

Alle Formen, Farben und Materialien haben Einfluss auf das Energiefeld unseres Zuhauses. Auch die Weise der Anordnung der Dinge zueinander und deren Kombinationen prägen den Raum, in dem wir leben. Die energetischen Felder aller Gegenstände verbinden sich mit den Energien des Standortes und der Wohnung. So bildet sich das individuelle energetische Gesamtbild Ihres Zuhauses. Dieses Zusammenwirken der Kräfte macht die Einzigartigkeit und Unverwechselbarkeit Ihrer Wohnung aus.

Selbst in einem Hochhaus mit mehreren übereinanderliegenden Wohnungen mit identen Grundrissen und weitgehend denselben energetischen Standortfaktoren unterscheiden sich nach dem Einzug die energetischen Gegebenheiten der einzelnen Wohnungen stark voneinander. Ihre Wohnung wird durch Ihre Einrichtung, Ihre Gestaltung und alle Ihre stillen Mitbewohner höchst individuell.

RAUM UND MATERIE

Wertschätzen und dankbar sein – Zeit und Energie

Der Aspekt der **Zeit** verdient gleichbedeutend zum **Raum** unsere Wertschätzung:

Die Kraft der Ahnen

Alles, aus dem wir schöpfen und das unser Wesen ausmacht, steht auf dem Fundament, das unsere Ahnen geschaffen haben. Diese Basis unserer Ahnen reicht weit über die uns bekannten Vorfahren wie Eltern und Großeltern hinaus. Ein wesentlicher Teil unserer Wurzeln liegt in längst vergangenen Zeiten bei Vorfahren, die sich oft gar nicht mehr durch einen Stammbaum erfassen lassen.

Wie ein Netz breitet sich unsere Abstammungslinie hinter uns aus und wird auch weit in die Zukunft für uns weiterwachsen. Durch diese Abstammungslinien sind wir mit unseren Ahnen energetisch fest verbunden. Dabei sollte man sich in Erinnerung rufen, dass alte Traditionen und Rituale an Kraft und Gewicht gewinnen, wenn wir uns dieser Verbindung in jene Zeit bewusst werden, in der Rituale und heilige Handlungen viel stärker verankert waren und gelebt wurden als heute.

Altes Wissen aus alten Kulturen – speziell aus anderen Gegenden der Erde – verfolgen wir oft mit großer Aufmerksamkeit. Wenn wir uns mit Feng Shui, Ayurveda oder dem Wissen der indigenen Völker der Mayas und Indianer beschäftigen, schwingt auch eine gewisse Sehnsucht mit, wir möchten an diesem alten Wissen teilhaben und es für unser eigenes Leben zunutze machen. Was kaum bewusst ist, ist die Tatsache, dass auch in unserer Kultur ein großes Wissen aus früheren Zeiten erhalten geblieben ist, das uns auch heute noch zur Verfügung steht. Diese alten Rituale leben in vielen Traditionen immer noch weiter und werden gerade in dieser transformativen Zeit, in der wir leben, neu entdeckt und adaptiert.

Bevor wir uns näher mit diesem Thema befassen und in die Zeit der Raunächte, des Räucherns und der rituellen Feste des Jahresrades eintauchen, werfen wir zunächst einen bewussten Blick zurück zu unseren Wurzeln und unseren Ahnen. Generell ist es wichtig zu wissen, dass es bei Ritualen immer um die Haltung und innere Einstellung geht. Es ist wichtig zu prüfen, woher eine Handlung kommt, was dahintersteckt und was damit bezweckt werden soll. Etwas nebenher in Eile und halbherzig zu tun, wird den gewünschten Erfolg vermissen lassen.

In den Rhythmus finden

Rituale sind Handlungen, die einem gewissen Rhythmus folgen. Somit dienen Rituale gewissermaßen auch als »Zeitgeber«. Wir kennen bereits die Eckpfeiler des rituellen Jahres mit den Rhythmen der Mondfeiertage. Daneben finden sich aber im alltäglichen

Das alte Wissen unserer Ahnen bildet heute noch eine wichtige Basis für gesundes und harmonisches Bauen und Wohnen.

ZEIT UND ENERGIE

Übung zur Verbindung mit den eigenen Wurzeln

Suchen Sie sich einen stillen Platz, an dem Sie während der nächsten paar Minuten ungestört sind. Bitte stellen Sie auch das Handy in den Ruhemodus. Setzen oder legen Sie sich bequem hin und nehmen Sie sich ausreichend Zeit für diese Übung:

Nehmen Sie ein paar tiefe Atemzüge und atmen Sie bewusst in Ihre Mitte. Stellen Sie sich diese Mitte als Ihr emotionales Herz vor, dort wo Sie Ihre Gefühle spüren. Genießen Sie die stärkende und erfüllende Kraft des Einatmens. Und lassen Sie mit dem Ausatmen alle Gedanken und auch mögliche Skepsis los. (Sie können bei dieser Übung nichts falsch machen – es geht darum, sich einzulassen und erwartungsfrei zu spüren, was sich zeigen mag.)

Wenn Ihre Atemzüge in einen angenehmen Rhythmus gefunden haben, gehen Sie mit Ihrer Aufmerksamkeit in Ihr Zentrum (Ihre Mitte, Ihr Herz). Stellen Sie sich vor, wie aus Ihrem Herzen mit Hilfe Ihrer Atemzüge ein Lichtstrahl zu wachsen beginnt. Folgen Sie mit Ihrer Aufmerksamkeit diesem Lichtstrahl und beobachten Sie ihn beim Wachsen: Er strahlt durch Ihren Körper, Ihren Rumpf, Ihr Becken und Ihre Beine bis zu Ihren Fußsohlen. Und mit dem nächsten Atemzug wächst dieser Lichtstrahl wie eine Wurzel weiter und verzweigt sich in die Erde. Sie folgen dem Wachstum Ihrer Wurzeln und gelangen so weiter und weiter in die Erde und nähern sich dem Zentrum, dem Herz der Erde. Stellen Sie sich dieses Zentrum als hellstrahlenden Kristall vor und verbinden Sie sich mit dem nächsten Atemzug mit diesem Kristall. Aus der Mitte Ihres Herzens schicken Sie einen Gruß und Ihr Gefühl der Dankbarkeit zum Herz der Erde. Wenn Sie sich dort gut verankert fühlen, schicken Sie einen liebevollen Gruß zu Ihren Ahnen – Ihren Anknüpfungspunkten im großen Netz des Seins. Danken Sie für alles, was ist. Und bitten Sie darum, dass die Kraft des Verwurzeltseins aus dieser Verbindung zu Ihnen aufsteigen darf. Stellen Sie sich vor, wie mit Ihren Atemzügen die Kraft Ihrer Ahnen höher und höher steigt, durch Ihre Fußwurzeln in Ihren Körper fließt und höher und höher steigt, bis diese Kraft in Ihrer Mitte, in Ihrem Herz anlangt. Spüren Sie diese Verbindung einige Atemzüge lang bewusst nach. Seien Sie dankbar dafür. Konzentrieren Sie sich jetzt wieder bewusst auf Ihre Atmung und fühlen Sie sich wieder gut angekommen und geerdet in Ihrem Körper und in Ihrem Zuhause. Seien Sie dankbar.

In den Rhythmus finden

Halten Sie inne, bleiben Sie stehen und nehmen Sie den Moment als besonderen Augenblick wahr – was bietet der Tag für Sie, wie geht es Ihnen in diesem Moment? Worauf legen Sie den Fokus? Wie gestaltet sich dieser Tag oder Moment für Sie, damit es ein glücklicher und erfüllender Tag oder Moment ist? Nehmen Sie diesen Augenblick mit allen Sinnen wahr und richten Sie Ihre Aufmerksamkeit auf sich selbst – auf Ihre Rhythmen, Ihre innere Stimme und auf Ihre Bedürfnisse: Sie sind das Stück Natur, das Ihnen am nächsten steht! Nehmen Sie sich einige Augenblicke Zeit für sich selbst (bitte verwechseln Sie dies nicht mit Egoismus, sondern als eine Form der Selbstliebe). Wenn Sie Ihre Rhythmen gut kennen, finden Sie sicher auch im Alltagsgeschehen Rituale, die Sie stärken und nähren. Machen Sie sich der Kraft Ihrer Rituale bewusst. Vielleicht gelingt es Ihnen, diese ja noch ein wenig liebevoller zu zelebrieren? Seien Sie dankbar für Ihre Rhythmen und Rituale, die Ihren Takt angeben.

Bevor wir uns den großen Rhythmen der Natur zuwenden, müssen wir unsere eigenen, kleineren Rhythmen erkennen, verstehen und wertschätzen.

ERKENNEN UND WERTSCHÄTZEN

Leben unzählige andere Rhythmen, vor allem künstliche Rhythmen wie Arbeitszeiten, Fahrpläne und Terminkalender. Solche Rhythmen sind statisch und starr und erzeugen mitunter das Gefühl der Überlastung und des Fremdbestimmtseins.

Was wir aber für ein gesundes Leben brauchen, ist der Einklang mit den natürlichen Rhythmen. Aber abgesehen von den großen astronomischen Rhythmen des Jahres: Kennen Sie die vielen kleinen und greifbareren Rhythmen, die Ihren Tag bestimmen und Ihr Leben einteilen?

Haben Sie schon mal versucht, den Rhythmus Ihrer Atmung zu unterbrechen oder bewusst zu steuern? Länger als ein paar Atemzüge lang gelingt dies wohl nicht, ohne außer Takt zu geraten. Auch wenn der Rhythmus unseres Schlafes unterbrochen wird, schwächt uns dies innerhalb kürzester Zeit. Kurzum: Wir brauchen die natürlichen Rhythmen in hohem Maße als Takt- und Zeitgeber für ein gesundes Wohlbefinden.

Natürliche Rhythmen beschwingen, künstliche Rhythmen lähmen und versteifen. Ergänzt man die Kraft von Rhythmen als lebendige Impulsgeber mit dem Potenzial von Ritualen als heilende Handlung, versetzt dies Ihren Tagesablauf in Schwingung und in einen lebendigen Rhythmus.

Vielleicht finden Sie für sich eine kleine Handlung, die Sie jeden Tag – idealerweise zur annähernd gleichen Zeit – bewusst durchführen. Dies kann der morgendliche Kaffee sein oder das Zubereiten des Abendessens, die Dusche nach dem Aufstehen oder natürlich auch ein kurzes Innehalten während des Tages. Wesentlich dabei ist, diesem Moment ganz bewusst *Sinn* zu geben.

Erst, wenn Sie sich selbst und Ihre eigenen Rhythmen und Rituale erkennen, werden Sie auch die größeren Rhythmen erleben und verstehen, in die Sie eingebunden sind. Ohne liebevolle Zuwendung zu sich selbst – dem kleinsten System unserer Verantwortung – bleiben Anstrengungen in größerem Rahmen wohl wirkungslos.

> Schenken Sie einer kleinen alltäglichen Handlung ganz bewusst Ihre Aufmerksamkeit.

2.

Handeln und verändern

Bisher ging es in diesem Buch um das Erkennen und Wertschätzen all dessen, was uns umgibt und worauf wir in unserer Zeit aufbauen dürfen. Dieses Innehalten und Verstehen führt uns hin zum bewussten Wahrnehmen all dessen, was gut für uns ist, aber auch, was dringend einer Veränderung in unserem Sein bedarf. Der zweite Teil des Buches führt daher weiter ins aktive Tun.

Loslassen und Verändern – Aufräumen und Ordnung schaffen

Veränderung ist bekanntlich das einzig Beständige im Leben. Übernehmen Sie bewusst die Verantwortung für Ihr Zuhause und für die Qualität des Lebensbereiches, der Ihnen anvertraut ist. Die folgenden Seiten regen dazu an, aktiv zu werden, zu handeln, Ihr Zuhause zu verändern und dadurch Ihren Lebensraum selbstbestimmt und bewusst zu kreieren.

Das Zuhause im Wandel der Zeit

Loslassen mag eine große Herausforderung sein, ist aber zugleich *der* Schlüssel zur Veränderung.

Der Wandel unseres Lebensraumes zu einem Ort der Kraft erfolgt nicht von einem Augenblick zum nächsten. Achtsame und bewusste Veränderung erfordern Zeit. Hören Sie auf Ihre innere Stimme und folgen Sie Ihrem Bauchgefühl, welche und vor allem *wie viel* Veränderung Ihnen guttut. Halten Sie Schritt mit Ihrem eigenen Tempo und beachten Sie auch das Tempo Ihrer Familie, wie schnell etwas umgesetzt werden möge. Finden und folgen Sie Ihrem individuellen Rhythmus.

Und dennoch: Werden Sie *aktiv* und verlassen Sie Ihre Komfortzone! Dadurch erschaffen Sie sich Ihr Zuhause neu:

Wieder halten wir den Fokus zuerst am *Raum*, denn auch unsere »stillen Mitbewohner« haben in unserem Zuhause ein gewichtiges Wörtchen mitzureden.

Die Macht der Gegenstände

Gegenstände sind energetisch wie durch eine unsichtbare Nabelschnur mit ihrem Besitzer verbunden. Sämtliche Dinge verlangen Aufmerksamkeit und Energie von uns. Je mehr Besitz wir unser Eigen nennen, umso mehr Verbindungslinien zu uns selbst gibt es. Dies kann so weit führen, dass man sich im eigenen Zuhause wie in einem Netz verstrickt wiederfindet, das Freiraum und Bewegung kaum mehr zulässt. Dabei spielt der materielle Wert der Gegenstände keinerlei Rolle. Es ist gleichgültig, ob es sich dabei um Kunst oder Krempel handelt.

Je stärker der persönliche Bezug zu einem Gegenstand ist, umso stärker ist auch die Energielinie, die den Besitzer und das jeweilige Ding miteinander verbindet. Durch diese energetische Verbindung sind wir unbewusst dazu angehalten, uns um unseren Besitz zu kümmern, ihm Aufmerksamkeit und einen Teil unserer Lebensenergie zu geben. Je mehr Besitz uns anhaftet, umso dichter wird dieses Netz aus energetischen Verbindungen. Im Extremfall zwingt uns diese Dichte zur völligen Stagnation – es bleibt kaum mehr Raum und Freiheit für persönliche Entwicklung

Mit all unserem Besitz sind wir energetisch fest verbunden.

AUFRÄUMEN UND ORDNUNG SCHAFFEN

und neue Impulse des Lebens. Diese Verstrickung hält uns auch in der Vergangenheit fest. Jeder Gegenstand hat seine Geschichte. Alles bedeutet uns oder jemandem in unserer Familie etwas – oder hatte zumindest eine Bedeutung für uns.

Die energetische Verbindung zu Gegenständen ist nicht nur zu benutzten und sichtbaren Dingen gegeben. Auch wenn etwas im hintersten Winkel einer Schublade oder tief in einer Schachtel am Dachboden versteckt ist: Unser unbewusster Anteil vergisst nichts. Selbst mit diesen Gegenständen bleiben wir verbunden.

Mit einem Zuviel an Dingen in unserem Wohnraum können wir uns aufgrund fehlender Bewegungsfreiheit – energetisch und oft auch physisch – das eigene Leben verstellen.

Es ist daher ratsam, von Zeit zu Zeit die eigene Wohnung zu durchforsten und sich von so manchem Überflüssigen zu trennen. Speziell dann, wenn man schon längere Zeit in derselben Wohnung oder im selben Haus lebt. Im Lauf der Zeit sammelt sich so vieles an und steht häufig aus Gewohnheit an seinem Platz. Mit der Zeit nehmen wir Gegenstände gar nicht mehr bewusst wahr. Wir sehen sie zwar, schauen sie aber nicht mehr an. In fast jeder Wohnung finden sich Dinge, deren Lebenszeit bereits abgelaufen ist.

Aus den Augen, aus dem Sinn? Auch versteckte, verdrängte und vergessene Gegenstände, die sich in Ihrem Besitz befinden, bleiben mit Ihnen energetisch verbunden und beeinflussen Ihr Sein.

Die Macht der Gegenstände

Gegenstände sind energetisch wie durch eine unsichtbare Nabelschnur mit ihrem Besitzer verbunden. Sämtliche Dinge verlangen Aufmerksamkeit und Energie von uns. Je mehr Besitz wir unser Eigen nennen, umso mehr Verbindungslinien zu uns selbst gibt es. Dies kann so weit führen, dass man sich im eigenen Zuhause wie in einem Netz verstrickt wiederfindet, das Freiraum und Bewegung kaum mehr zulässt. Dabei spielt der materielle Wert der Gegenstände keinerlei Rolle. Es ist gleichgültig, ob es sich dabei um Kunst oder Krempel handelt.

Je stärker der persönliche Bezug zu einem Gegenstand ist, umso stärker ist auch die Energielinie, die den Besitzer und das jeweilige Ding miteinander verbindet. Durch diese energetische Verbindung sind wir unbewusst dazu angehalten, uns um unseren Besitz zu kümmern, ihm Aufmerksamkeit und einen Teil unserer Lebensenergie zu geben. Je mehr Besitz uns anhaftet, umso dichter wird dieses Netz aus energetischen Verbindungen. Im Extremfall zwingt uns diese Dichte zur völligen Stagnation – es bleibt kaum mehr Raum und Freiheit für persönliche Entwicklung

Mit all unserem Besitz sind wir energetisch fest verbunden.

und neue Impulse des Lebens. Diese Verstrickung hält uns auch in der Vergangenheit fest. Jeder Gegenstand hat seine Geschichte. Alles bedeutet uns oder jemanden in unserer Familie etwas – oder hatte zumindest eine Bedeutung für uns.

Die energetische Verbindung zu Gegenständen ist nicht nur zu benutzten und sichtbaren Dingen gegeben. Auch wenn etwas im hintersten Winkel einer Schublade oder tief in einer Schachtel am Dachboden versteckt ist: Unser unbewusster Anteil vergisst nichts. Selbst mit diesen Gegenständen bleiben wir verbunden.

Mit einem Zuviel an Dingen in unserem Wohnraum können wir uns aufgrund fehlender Bewegungsfreiheit – energetisch und oft auch physisch – das eigene Leben verstellen.

Es ist daher ratsam, von Zeit zu Zeit die eigene Wohnung zu durchforsten und sich von so manchem Überflüssigen zu trennen. Speziell dann, wenn man schon längere Zeit in derselben Wohnung oder im selben Haus lebt. Im Lauf der Zeit sammelt sich so vieles an und steht häufig aus Gewohnheit an seinem Platz. Mit der Zeit nehmen wir Gegenstände gar nicht mehr bewusst wahr. Wir sehen sie zwar, schauen sie aber nicht mehr an. In fast jeder Wohnung finden sich Dinge, deren Lebenszeit bereits abgelaufen ist.

Aus den Augen, aus dem Sinn? Auch versteckte, verdrängte und vergessene Gegenstände, die sich in Ihrem Besitz befinden, bleiben mit Ihnen energetisch verbunden und beeinflussen Ihr Sein.

HANDELN UND VERÄNDERN

Platz schaffen für das Leben

Vor allem ausgediente Sachen hindern uns daran, in unserem Leben weiterzukommen. Diese Gegenstände halten uns in der Vergangenheit fest. Sich von alten und verbrauchten Dingen zu lösen, bringt nicht nur räumlich Platz für Neues. Es ist vielmehr das Signal ans Universum, das die Bereitschaft zum Fortschreiten und zu Weiterentwicklung zum Ausdruck bringt.

Voraussetzung für das Räuchern und die energetische Raumreinigung ist ein Aufräumen und Ordnen des eigenen Besitzes. Zuerst gilt es, sich dem eigenen Hab und Gut liebevoll zuzuwenden, um hier alles Überflüssige aus dem materiellen Bereich zu verabschieden und loszulassen. Erst dann kann eine tiefgehende energetische Raumreinigung erfolgen, die nachhaltig heilt und stärkt!

Ordnung und Struktur im feinstofflichen Bereich lässt sich nur schaffen und aufrechterhalten, wenn dieser Zustand sich auch im physischen und sichtbaren Raum widerspiegelt. Ich möchte Sie wirklich von Herzen dazu ermutigen, alle verbrauchten, nutzlos und farblos gewordenen Dinge aus Ihrem Leben zu verabschieden. Alles, was Sie in der Vergangenheit hält und am Weiterkommen hindert, zu lösen – dies erfordert Kraft und Mut! Das Gefühl des Befreitseins und des Aufatmens ist Ihnen jedoch als Lohn dafür gewiss!

Stellen Sie bewusst die Weichen in ein übersichtliches, geordnetes Zuhause, das Sie ausschließlich mit Lieblingsstücken teilen! Geben Sie Ihrem Leben und Ihrem Zuhause frischen Schwung – in den Raunächten und darüber hinaus für das ganze Jahr!

Wohin ein Zuviel führt

In unseren Wohnungen lassen sich eine Vielzahl an Gegenständen finden. Von Möbeln und Kleidung abgesehen, reicht die Bandbreite von Kunst, Antiquitäten, Bildern und Symbolen, von Erinnerungen aller Art über Pflanzen bis hin zu Nutzlosem und Überflüssigen. Besonders diese letztgenannten Dinge sind es, die wir genauer beleuchten wollen. Alles, was nutzlos und farblos für uns geworden ist, blockiert unsere Räume und hindert uns am Weiterkommen im Leben. Letztendlich ist es speziell all der überflüssige Krempel, den es zu verabschieden gilt.

Krempel
Krempel ist im engsten Sinn all das, was nutzlos in unserem Lebensraum Wurzeln schlägt und frische Lebensimpulse unterbindet.

- Alles, was Sie nicht mehr benutzen oder mögen
- Gegenstände, deren Funktion sich für Sie erfüllt hat
- Dinge, die unordentlich, unstrukturiert oder unorganisiert sind
- Projekte, die seit Langem auf ihre Fertigstellung warten und die ohnehin wohl nie realisiert werden

All das ist eindeutig dem Zuviel zuzuordnen. Zu viele Dinge auf zu wenig Raum nehmen uns die Luft zum Atmen. Sie belasten und blockieren uns und können sogar Gewichtsprobleme und andere körperliche Beeinträchtigungen mit sich bringen.

Zu viel Gerümpel, Krempel und nutzlose oder verbrauchte Dinge können zu einer Abwärtsspirale führen, von der alle Bereiche des Lebens betroffen sind:

- die körperliche, emotionale und seelische Gesundheit
- Partnerschaft und Familie
- das soziale Umfeld und Freundschaften
- das Arbeitsleben

Näheres über den lähmenden Einfluss von Gerümpel auf Ihr Leben erfahren Sie, wenn Sie einen Blick auf den »Beipackzettel« von Krempel werfen:

> All Ihre stillen Mitbewohner verlangen nach Aufmerksamkeit und binden Ihre Lebensenergie.

Beipackzettel: unerwünschte Nebenwirkungen von Krempel

Krempel macht antriebslos und müde

Auch mit unnützen Dingen in unserem Wohnraum sind wir energetisch verbunden. Je mehr von diesen energetischen Verbindungen hin zu nutzlosen Dingen es gibt, umso mehr wird uns auf unbewusste Art ein Teil unserer Lebensenergie geraubt. Das Energiefeld der Wohnung kann Ihren Energieverlust auf Dauer nicht mehr kompensieren, wenn ein Zuviel an materiellen Energieräubern den Fluss Ihrer Lebenskraft bindet. Langfristig führt dieser Energiemangel zu einem Verlust an Lebensfreude und Vitalität. Müdigkeit, Lethargie und Antriebslosigkeit sind mögliche Begleiterscheinungen.

Krempel bindet an die Vergangenheit

Jeder Gegenstand in unserer Wohnung hat seinen Anker in der Vergangenheit und verbindet uns durch das energetische Netz mit Vergangenem. Ausgedienten und nutzlos gewordenen Dingen fehlt die stärkende Verbindung zum Jetzt. Neue Impulse können jedoch nur im Jetzt in unser Leben treten – nur im Jetzt sind wir lebendig.

Hindern uns zu viele Gegenstände, die ausschließlich der Vergangenheit angehören, an der aktiven und freudvollen Teilnahme am Leben, so ist es an der Zeit, sich vom nutzlos gewordenen Teil dieser Dinge liebevoll zu verabschieden.

Gerümpel führt zu Verwirrung und Orientierungslosigkeit
Manchmal kann es geschehen, dass ein Zuviel an Dingen die klare Sicht auf das eigene Sein versperrt. Dieses Zuviel bindet Energie, lässt uns in dieser Fülle orientierungslos zurück und führt zu Verzettelung. Um diesem Prozess entgegenzuwirken, fragen Sie sich:
- Was ist wirklich wichtig für mich?
- Was ist wichtig für mich in meiner Wohnung und in meinem Leben?

Nutzen Sie die Übung »Die eigene Wohnung mit den Augen eines Gastes zu betrachten« von Seite 25. Sie werden dabei sicher auf einige Dinge stoßen, die Sie schon lange nicht mehr bewusst angesehen haben. Vielleicht ist es ja an der Zeit, nach dieser Wahrnehmung zur Tat zu schreiten? Manchmal sieht man ja den Wald vor lauter Bäumen nicht mehr …

Krempel bestimmt, wie Sie behandelt werden
So wie man in den Wald hineinruft, so hallt es zurück … Das Maß an Liebe und Achtsamkeit unserer Raumgestaltung spiegelt Ihre Selbstliebe und Selbstwahrnehmung. Sind Sie es sich selbst wert, in einem hochwertigen und liebevollen Umfeld zu wohnen? Oder entspricht es Ihrem Selbstwert, in einem chaotischen Haufen inmitten von unnützem Krempel zu hausen?

Betrachten Sie Ihren Umgang mit Ihrer eigenen Wohnung einmal bewusst unter diesem Aspekt. So wie Sie Ihrer Wohnung Achtsamkeit und Liebe entgegenbringen, bringen Sie sich diese Wertschätzung selbst entgegen. Und in der Art und Weise, wie Sie sich selbst wertschätzen, werden Sie vom Außen – von Freunden, Familie und Arbeitskollegen – behandelt und wahrgenommen. Es liegt in Ihrer Hand, wie es aus dem Wald zurückhallt.

Krempel verstopft Räume und kann zu Übergewicht führen
Ein Aspekt unserer »Zuvielisation« macht sich für viele Menschen auch als körperliches Problem bemerkbar: Menschen mit Übergewicht leiden oft still darunter, wenn Diäten trotz aller Anstrengungen nicht zum ersehnten Resultat führen. Es zeigt sich hier auch eine Parallele zum Wohnraum, zu unserer dritten Haut: Sehr oft haben übergewichtige Menschen in ihren Wohnungen ein Zuviel an Dingen angesammelt. Alles ist zu dicht belegt, es gibt keine Möglichkeit zur Bewegung oder Veränderung. Die Wohnung ist ein Spiegel unseres Selbst. Bemühen Sie sich auf körperlicher Ebene mithilfe von Diäten um Entschlackung, integrieren Sie aber bitte unbedingt auch Ihre Wohnung in Ihren Diätplan. Der Mut

und Wille zum Loslassen, Ballast abzuwerfen und Türen zu einem neuen, schlankeren Sein zu öffnen, trägt schneller und einfacher Früchte, wenn die eigene Wohnung mit entschlackt wird.

Gerümpel verursacht Konflikt

Häufig ist Unordnung und Anhäufung von Krempel ein Konfliktpunkt innerhalb von Partnerschaften. Teilt sich ein strukturierter und ordnungsliebender, vielleicht sogar pedantischer Wegwerfer den Wohnraum mit einem leidenschaftlichen und chaotischen Sammler, hängt der Hausfrieden oft an einem seidenen Faden. Verliert eine dieser beiden Positionen an Starre, kommt Bewegung ins Leben und festgefahrene Muster dürfen aufweichen. Natürlich sind beide Parteien gefordert, den ersten Schritt zur Veränderung zu wagen.

Hinsichtlich der vielen schwächenden Nebenwirkungen von Krempel ist es jedoch in jedem Fall befreiend und heilsam, durch Entrümpeln den Schritt hin zu einem harmonischeren und liebevolleren Miteinander zu setzen.

Wie innen, so außen: Die Art und Weise der Gestaltung Ihrer Räume bestimmt Ihr Sein.

Krempel verursacht Scham, Isolation und Depression

Nehmen Krempel und Chaos in einer Wohnung überhand, ist dies ein Umstand, dessen man sich ehrlich gestanden meist auch gewahr ist. Wächst der Krempel über den Kopf, reduzieren sich im Lauf der Zeit aus Scham auch soziale Kontakte. Wenn es so weit kommt, dass man aus Scham über den Zustand der Wohnung niemanden mehr einlädt, beginnt sich eine soziale Abwärtsspirale zu drehen. Diese kann bis hin zu völliger Isolation und Depression führen. Menschen leiden häufig still unter ihrem Sammelzwang, wenn im Lauf der Zeit die Gegenstände das Ruder über das eigene Sozialleben übernommen haben. Sollten Sie diesen Zustand bei sich selbst erkennen, holen Sie sich Hilfe von außen, um den Weg zurück in die Balance zu finden.

Gerümpel lässt das Leben stagnieren

Sind sämtliche Bereiche in der Wohnung belegt oder gar verstopft, gibt es keinen Raum für Bewegung – weder räumlich noch energetisch. Alles bleibt oft über Jahre hinweg unverändert. Stagnation, Starre und Bewegungslosigkeit machen sich in der Wohnung, aber auch im persönlichen Leben breit. Zu viele Dinge binden jegliche Lebensenergie und verhindern den freien Energiefluss. Raum für Veränderung und neue Impulse ist kaum mehr gegeben.

Verstrickt in einem dichten Netz von Energie fehlt es an Raum für Sinnlichkeit und Lebensfreude: Jeder Gegenstand dockt an Ihrem persönlichen Energiefeld an und fordert unbewusst Aufmerksamkeit und Lebenskraft. Überflüssige Energieräuber im eigenen Besitz gilt es zu erkennen und zu eliminieren, bevor diese die Macht und Kontrolle über Ihr Leben ergreifen.

Krempel führt zu Desorganisation

In einem Zuviel verliert man leicht die Übersicht. Im Chaos weiß man von vielen Dingen oft nur mehr ungefähr, wo sie sich befinden. Lebenszeit wird zum Suchen benötigt, die sich sinnvoller und nutzbringender verwenden ließe. Desorganisation macht uns unruhig und bringt uns aus der eigenen Mitte. Wenn sich dieser Zustand durch die Art, wie Sie leben, über lange Zeit und kontinuierlich in Ihnen und Ihrem Sein einprägt, wird dies über kurz oder lang zu einem Normalzustand. Desorganisation übernimmt dann auch Bereiche des persönlichen Lebens wie Familie, Partnerschaft sowie das eigene Arbeitsumfeld. Durch ständiges Sich-Verzetteln verlieren wir Klarheit und Kontrolle über unser Sein. Auch wenn das Genie, laut Einstein, das Chaos beherrscht: Das Leben ist zu kurz, um es mit Suchen zu verbringen!

Krempel kostet viel Geld

Mangels Vertrauen ins Leben, dass man versorgt ist und in Sicherheit lebt, neigen viele Menschen in unserem Kulturkreis zum Horten nutzloser Dinge. Mitunter hat etwas viel Geld gekostet, sodass man das Ding nicht weggeben möchte. Häufig nistet sich der Gedanke ein, dass man dieses Etwas sicher irgendwann als eiserne Reserve brauchen kann. Der Bogen spannt sich von hunderten Tragtaschen über ausgemusterte Mobiltelefone bis hin zu nicht mehr einwandfrei funktionierenden Haushaltsgeräten oder unpassenden Kleidungsstücken.

Fast in jedem Zuhause finden sind solche Sammelzonen, in denen sich Überflüssiges, nutzlos Gewordenes oder Fehlkäufe ansammeln. Ob vollgestopfte Schubladen, prall gefüllte Abstellräume oder separat angemietete Lagerflächen: Stauräume besetzen Fläche, für die Miete und Erhaltungskosten aufzubringen sind.

Bei Dezimierung des eigenen Besitzes auf die tatsächlich genutzten und stärkenden Dinge und durch Loslassen des überflüssigen Ballastes lässt sich auch Geld sparen beziehungsweise steht angemietete Wohnfläche vollständig zum *Wohnen* zur Verfügung und muss nicht für stille Mitbewohner mitfinanziert werden. Vielleicht finden Sie nach Entfall aller überflüssigen Dinge sogar mit einer kleineren und günstigeren Wohnung das Auslangen?

Weniger ist mehr

Loslassen von Ballast führt zu mehr Freiraum, Vitalität und Beweglichkeit. Energetische Fesseln, die uns binden und einengen, fallen ab. Das Leben öffnet sich für neue Impulse.

Wagen Sie es, sich von nutzlosen und nicht mehr verwendeten Gegenständen zu lösen und diese aus Ihrem Leben zu verabschieden. Lassen Sie auch mögliche Angst los, die Sie am Loslassen von Dingen vielleicht hindert. Das Gefühl von mehr Raum, mehr Luft zum Atmen, mehr Vitalität und Lebensfreude steht als Lohn für Ihre Mühe und Ihren Mut in Aussicht.

Minimalismus

Wer einmal länger auf Reisen war, weiß, mit wie wenig man auskommen kann. Je leichter das Gepäck, umso flexibler und beweglicher wird man. Dies ist jedoch nicht nur auf Reisen der Fall. In der heutigen Zeit stolpert man immer wieder über den Begriff »Minimalismus«. Dahinter steht gar nicht so sehr die Idee des Ausmistens. Basis des Minimalismus ist vielmehr die Sehnsucht danach, den Wert der Dinge wieder zu spüren und zu schätzen. In unserer Kultur fühlen sich viele Menschen zum Minimalismus hingezogen, weil wir so viel haben. Der Überfluss und das Anhäufen von Materie und Besitz ist wohl ein Charakteristikum der »Zuvielisation«, in der wir leben.

Besitz geht Hand in Hand mit Verantwortung: Es ist essenziell, die Dinge, die Sie besitzen, sorgfältig auszuwählen. Nur dann haben Sie auch Kapazitäten frei für jene Dinge, die Ihnen wirklich wichtig sind. Minimalismus bedeutet, nur mit schönen Dingen einfach zu leben.

Ein zweiter Aspekt, der sich aus einer minimalistischen Lebensweise ergibt, ist, dass Dinge nicht mehr so viel Aufmerksamkeit benötigen. Je mehr man besitzt, desto mehr Aufwand bedeutet es, den Besitz zu verwalten, zu verbessern, zu reinigen.

Haben oder Sein – was brauchen Sie wirklich, um glücklich zu sein?

Je weniger man besitzt, desto mehr Zeit und Raum werden für das Leben des Moments frei. Vom verdichteten, »sicheren« Materiellen verschiebt sich das Leben ins Prozesshafte, Unsichere, aber auch eindeutig ins Lebendige.

Die Sehnsucht nach Minimalismus wächst jedoch nur auf dem Boden des Überflusses. Jene Menschen, die zu viel haben, träumen vom einfachen Leben. Das auch umzusetzen, erfordert Mut, denn dieser Schritt führt unweigerlich aus der eigenen Komfortzone hinaus.

Wie Aufräumen und Entrümpeln gelingt

Viele Menschen bekommen beim Gedanken ans Ausmisten oder Entrümpeln Panik. Wenn wir in diesem Buch vom Ausmisten und Aufräumen sprechen, dann geht es hier immer und ausschließlich um das Überflüssige, das Verbrauchte, Abgelebte und diejenigen Dinge, die für Sie Ihre Kraft verloren haben.

Es geht dabei in keinem Fall darum, alles, was Sie besitzen, infrage zu stellen und sich von geliebten Dingen schmerzhaft lösen zu müssen. Wir richten unseren Blick klar auf das Zuviel und nicht zuletzt auf all den unnötigen Krempel in unserem Zuhause!

Besitz geht Hand in Hand mit Verantwortung.

Im Prozess des Loslassens wollen wir jedoch Folgendes nicht aus den Augen verlieren:
- Gerümpel blockiert den Energiefluss in unserer Wohnung und in unserem Leben. Wie es in unserem Außen aussieht, so färbt dieses Bild auch in unser Inneres ab. Loslassen all dessen, was zu viel ist, ist einer der Schlüssel zu mehr Klarheit.
- Aufheben ist immer leichter als Weggeben: Freuen Sie sich über Ihren Mut und Ihre Kraft, sich von Altem zu lösen. Werfen Sie all den Ballast ab, der Ihnen Ihr Leben und Ihr Zuhause verstellt.

Bestandsaufnahme all dessen, was da ist

Der erste Schritt zum Loslassen ist eine Bestandsaufnahme all Ihres Besitzes. Dazu nutzen Sie die Methode der drei Schritte, die wir hier ein wenig abwandeln:

STEHENBLEIBEN – WAHRNEHMEN – HANDELN

An dieser Stelle ist es Zeit für eine gute Nachricht an Sie: Den ersten Schritt, das Stehenbleiben, haben Sie bereits gesetzt, indem Sie dieses Buch zur Hand genommen haben!

Wir können also gleich zum nächsten Schritt – der Wahrnehmung – übergehen und somit zur Bestandsaufnahme in Ihrem Zuhause:

Nehmen Sie sich dafür ausreichend Zeit. Dies ist ein wichtiger Schritt, den Sie nicht überspringen sollten. Es geht hier ausschließlich um das Wahrnehmen und Erkennen. Im Zuge der Bestandsaufnahme wird noch nicht gehandelt! Lassen Sie sich nicht von einem möglichen Impuls verleiten wie »Ach, das geh' ich jetzt sofort an!« oder »Worauf soll ich warten? Das mach' ich gleich!«

Die Bestandsaufnahme ist der Teil, der stark auf der emotionalen Ebene wirkt. Hier erkennen, spüren und klären Sie für sich den Ursprung und die Wertigkeit von Dingen. Achten Sie bei diesem Prozess auf Ihre Gefühle und Ihre Gedanken, die die einzelnen Dinge bei Ihnen auslösen. Denken Sie daran, dass Sie mit allem Besitz energetisch verbunden sind. Bleiben Sie bei diesem Prozess ganz bei sich und lassen Sie sich auf diese besondere Entdeckungsreise ein.

Wenn Sie diesem ersten Schritt des Loslass-Prozesses besonderes Gewicht verleihen möchten, betten Sie die Bestandsaufnahme gerne in ein Ritual ein.

Wie Sie ein Ritual aufbauen

Ein Ritual unterscheidet sich in vielerlei Hinsicht von einer alltäglichen Handlung und wirkt um ein Vielfaches stärker, als wenn Sie etwas »nebenher« erledigen. Im Zuge eines Rituals wird der Raum für eine besondere Handlung bewusst geöffnet: Dadurch können Sie die Energien, die Sie bewegen möchten, besser spüren. In einem Ritual sind Sie aufmerksamer und fokussiert.

Ein Ritual hat immer einen Anfang und ein Ende. Wie Sie dies gestalten wollen, bleibt Ihnen selbst überlassen. Es gibt hier kein Richtig und Falsch. Allerdings möge dieser Prozess auf stimmungshebende und schöne Weise eingeleitet und beendet werden. Stellen Sie sich auch nicht den Wecker, sondern lassen Sie sich auf Ihr Ritual ein und finden Sie dabei in Ihren eigenen Rhythmus.

Ich verwende für ein Ritual oft eine Kerze, die ich an einem besonders schön gestalteten Platz anzünde und nach Beendigung des Rituals lösche. Wenn Sie Kinder oder Haustiere um sich haben, ist mit Feuer jedoch Vorsicht geboten. Sie können stattdessen auch eine schöne Musik wählen, ein Räucherstäbchen anzünden, oder Sie stellen sich einfach ganz bewusst vor, wie Sie in diesen Prozess förmlich ein- und danach wieder aussteigen. Schalten Sie alle möglichen Störquellen wie Telefon und Radio aus. Legen Sie sich auch etwas zum Schreiben bereit. Vielleicht haben Sie auch Ihre Kamera griffbereit. Nehmen Sie sich ausreichend Zeit für die Bestandsaufnahme. Idealerweise wählen Sie dazu einen Tag, an dem Sie keine weiteren Verpflichtungen haben, um sich ganz diesem Prozess widmen zu können.

Wenn Sie die Bestandsaufnahme nun mit dem Ritual eröffnet haben, nehmen Sie nun jeden einzelnen Raum – beginnend mit dem Vorraum und Eingangsbereich – unter die Lupe.

Gehen Sie alle Räume durch und wählen Sie die Reihenfolge intuitiv. Denken Sie bitte daran, dass Sie im *Wahrnehmen* bleiben und schreiten Sie noch nicht zur Ausmist-Tat. Achten Sie darauf, wie es Ihnen in den einzelnen Wohnungsbereichen geht. Öffnen Sie alle Stauräume, Kästen und Laden. Machen Sie vom aktuellen Zustand – also *vorher* – Fotos. Halten Sie besonders Ihre möglichen »Gerümpelzonen« fest, an denen sich außergewöhnlich viel ansammelt. Gehen Sie bewusst durch alle Räume Ihrer Wohnung und betrachten Sie kritisch alle Bereiche.

> Ein Ritual macht aus einer alltäglichen eine heilige Handlung.

HANDELN UND VERÄNDERN

Gerümpelcheck

Es gibt unterschiedliche Gründe, warum wir Dinge aufheben, selbst wenn Sie uns nicht guttun. Welche Gründe dies bei Ihnen sind, können Sie mit dem Gerümpelcheck herausfinden. Schreiben Sie dazu alle Gegenstände, die Ihnen unterkommen, auf eine Liste. So gewinnen Sie Klarheit und Übersicht über Ihren Besitz und die damit verbundenen Gefühle und Gedanken. Erlauben Sie sich, wirklich ehrlich zu sich zu sein. Es gibt keinen Grund zur Scham, sondern nur Lob für Ihren Mut! Niemand außer Ihnen muss diese Liste zu sehen bekommen.

Erstellen Sie für die Bestandsaufnahme für jede der nachfolgend beschriebenen Rubriken eine eigene Liste. Sie können dazu diese Vorlage verwenden:

GEGENSTAND	Welche Gefühle löst dieser Gegenstand in mir aus?	Passt dieser Gegenstand noch zu mir?
		JA / NEIN
		JA / NEIN
		JA / NEIN
		JA / NEIN

GEGENSTAND	Welche Gefühle löst dieser Gegenstand in mir aus?	Passt dieser Gegenstand noch zu mir?
		JA / NEIN
		JA / NEIN
		JA / NEIN
		JA / NEIN
		JA / NEIN
		JA / NEIN
		JA / NEIN
		JA / NEIN
		JA / NEIN

AUFRÄUMEN UND ORDNUNG SCHAFFEN

Gerümpelstatus

Als Leitfaden für das Verändern erfassen Sie nun den »Gerümpelstatus« aller Räume Ihres Zuhauses. Vermerken Sie in der Liste, wie hoch Sie Ihren Aufwand zum Ausmisten, Entrümpeln und Ordnung schaffen einschätzen. Beschreiben Sie auch, wie groß Ihre Überwindung ist, um diesen Raum in Angriff zu nehmen.

Dazu können Sie die nachfolgende Liste für alle Ihre Räume verwenden:

ORT/RAUM	Gerümpelstatus: wenig/mittel/viel	Meine Gerümpelgedanken: kein Problem/gemischte Gefühle/fällt mir schwer	Mein Zeitaufwand: gering/mittel/hoch
Vorraum			
Küche			
Wohnzimmer			
Schlafzimmer			
Abstellraum			

ORT/RAUM	Gerümpelstatus: wenig/mittel/viel	Meine Gerümpelgedanken: kein Problem/gemischte Gefühle/fällt mir schwer	Mein Zeitaufwand: gering/mittel/hoch

Gründe, warum wir Dinge aufheben

Aufheben aus Gedankenlosigkeit	Was versteckt sich alles in den Untiefen von Kästen und Schubladen? Dies sind vor allem Gebrauchsgegenstände, die wir aus Gedankenlosigkeit irgendwo hineinstopfen (Feuerzeuge, Kugelschreiber, Tragetaschen, Kataloge …)
Aufheben aus Sicherheitsdenken	Vorwiegend finden sich solche Gegenstände im Keller, am Dachboden oder im Abstellraum, denn »man weiß ja nie …«. Was wartet bei Ihnen in einer Reserveposition auf einen eventuellen zukünftigen Einsatz?
Aufheben aus Schuldgefühlen	Hier finden sich sehr häufig Geschenke, bei denen der Gedanke an eine Entsorgung ein schlechtes Gewissen verursacht. Doch denken Sie daran: Es ist *Ihr* Wohnraum, den Sie mit diesen stillen Mitbewohnern teilen. Und das 24 Stunden und 365 Tage im Jahr …
Unvollendetes aufheben	Was liegt bei Ihnen halbfertig irgendwo herum und wartet auf seine Vollendung? Fotos, die gerahmt werden sollen, selbstgestrickte, halbfertige Pullover?
Unorganisiertes aufheben	Wo ist was? Was ist bei Ihnen in Untiefen von Läden auf Nimmerwiedersehen verschwunden und lässt sich genau dann nicht finden, wenn man es sucht?
Aufheben aus Tradition	Dies ist ein Zustand zwischen heikel und heilig … Was kommt bei Ihnen nie zum Einsatz, hat aber eine gewisse Existenzberechtigung wie das antike Kaffeeservice der Großmutter? Was davon verursacht ein flaues Gefühl im Bauch? Was passt wirklich nirgends dazu und trifft auch nicht Ihren Geschmack?
Aufheben aus Geiz	Das war aber teuer! Was würden Sie gern beseitigen, tun es aber nicht, weil es teuer war?
Sonderrubrik	Das liegt bei Ihnen sonst noch herum, lässt sich aber einfach nicht zuordnen?

Wenn Sie nun für jede dieser acht Fragestellungen eine Liste erstellt haben und eine Kamera griffbereit ist, sind Sie jetzt gut ausgerüstet und guten Mutes und haben auch schon Ihr Ritual eröffnet. Eines gibt es vorab noch zu beachten: Bitte bleiben Sie bei dieser Bestandsaufnahme ganz bei *Ihrem* persönlichen Besitz. Dies ist ein wesentliches Prinzip beim Entrümpeln, Ausmisten und Ordnen: Betrachten Sie nur Ihre eigenen Gegenstände. Diejenigen Ihres Partners oder Ihrer Mitbewohner bleiben von Ihnen unberührt (auch wenn Sie wahrscheinlich hier sofort wüssten, was zu tun ist!).

Nun geht's aber los! Viel Freude auf dieser Entdeckungsreise in Ihr Zuhause! Bleiben Sie im Wahrnehmen und Spüren. Bitte nehmen Sie sich ausreichend Zeit und überfordern Sie sich nicht damit. Wenn Sie alle Bereiche und Stauräume bewusst erfasst haben, beenden Sie auch wieder Ihr Ritual in Dankbarkeit. Danken Sie für all Ihren Besitz, der Sie bisher begleitet hat. Seien Sie dankbar für alle Erkenntnisse, die Sie gewinnen durften. Und besonders danken Sie auch sich selbst für Ihren Mut zur Veränderung!

> Kümmern Sie sich bei der Bestandsaufnahme nur um Ihren eigenen Besitz!

Auf der Stufe des Wahrnehmens nehmen Sie sich auch ausreichend Zeit, möglichen Emotionen und Gedanken Raum zu geben. Beobachten Sie sich und Ihre Verbindung zu Ihren Dingen achtsam. War vielleicht bisher die Angst vor dem »ganzen Berg«, den es zu ordnen, aussortieren und aufzuräumen gilt, ein Grund für das Hinausschieben des Tuns? Achten Sie darauf, bei wie wenigen Dingen Sie im Vergleich zum Ganzen emotional berührt werden, wenn es ums Loslassen geht. Nur bei diesem kleinen, emotional belegten Teil Ihres Besitzes wird es möglicherweise etwas schwieriger sein, loszulassen. Verlieren Sie dabei nicht aus den Augen, bei wie vielen Dingen dies vergleichsweise leicht vonstattengehen wird! Ist das nicht eine befreiende Aussicht? Selbst, wenn ausschließlich »unemotionale« Dinge und Gegenstände Ihr Zuhause verlassen, haben Sie in jedem Fall viel Freiraum geschaffen!

Sie werden gewiss über Gegenstände stolpern, die Sie stark berühren und in Ihnen intensive Gefühle auslösen. Geben Sie diesen Emotionen Raum! Lassen Sie uns nun einen tieferen Blick auf gerade diese Gegenstände und Symbole werfen: Sie werden bei manchen Dingen bemerken, dass Ihr intensives Gefühl kaum etwas mit dem Gegenstand an sich zu tun hat. Fast immer ist es die Geschichte, die daran geknüpft ist, die berührt. Wenn Sie dies erkennen, können Sie den Gegenstand energetisch von seiner Geschichte und seiner Herkunft entkoppeln. Wird man sich dessen gewahr, reift auch die Erkenntnis, dass ein oder zwei Dinge im eigenen Besitz in Verbindung mit dieser Geschichte oder Erinnerung ausreichen. Es geht hierbei um die Qualität, mit der Gegenstände als Symbole ihren Platz in unserem Zuhause erhalten. Zur Last werden Gegenstände dann, wenn die physische Quantität die energetische Qualität zu übersteigen beginnt. Nehmen Sie wahr, welches Maß an Dingen Ihnen wirklich guttut. Vielleicht macht sogar das eine oder andere emotional schwierige Stück in Ihrem Zuhause Platz für neue Impulse, die in Ihr Leben wollen?

Gönnen Sie sich bitte Ruhe, bevor Sie zum nächsten Punkt übergehen. Lassen Sie die Anstrengung der Bestandsaufnahme ein wenig nachwirken, bevor Sie sich an den nächsten Schritt – ans Verändern – machen.

Jetzt legen Sie fest, in welcher Reihenfolge Sie sich den einzelnen Räumen widmen und ans Tun gehen möchten. Beginnen Sie mit einem Raum, der Ihnen keine Schwierigkeiten zu bereiten verspricht und steigern Sie die Anforderungen langsam. Versuchen Sie eine gute Mischung zwischen »leicht und problemlos« und den »großen Brocken« zu finden. Auf diesem Wege finden Sie eine gute Balance und in Ihren eigenen Rhythmus.

Wenn Sie Ihre Liste sowie den Ablauf und die Reihenfolge festgelegt haben, wählen Sie einen Zeitpunkt, an dem Sie Ihr Zuhause in Ordnung bringen wollen. Je nach Menge und Wohnungsgröße empfiehlt sich dazu ein klar definierter Zeitraum. Planen Sie am besten einige Tage hintereinander am Stück. Nehmen Sie sich dazu beispielsweise ein Wochenende vor. Manchmal bietet sich auch eine Urlaubswoche an. Sie kennen sich selbst am besten, wie Sie dies am besten umsetzen können und wollen. Die Definition eines Zeitrahmens zur Umsetzung ist empfehlenswert, damit dieses Ritual des Loslassens und Ordnung-Schaffens einen definierten Anfang und ein Ende hat. So vermeiden Sie, dass sich dieser Prozess endlos dahinzieht und Sie unzufrieden macht.

Jetzt legen Sie los – Die Vier-Kisten-Methode
Besorgen Sie sich vier große Kisten und zusätzlich noch blickdichte und strapazierfähige, große Müllsäcke. Ich empfehle Ihnen für den Prozess des Ordnens und Loslassens die Methode der vier Kisten:

- **Kiste 1 – BEHALTEN**
  Alles, was Ihnen wirklich am Herzen liegt, behalten Sie!
- **Kiste 2 – ÜBERLEGEN**
  Für alle jene Dinge, bei denen Sie sich nicht sicher sind, was mit ihnen geschehen soll. Bitte versuchen Sie, diese Kiste schlank zu halten. Hier sollte nicht der Großteil der Dinge landen.

> Gegenstände werden dann zur Last, wenn die physische Quantität die energetische Qualität zu übersteigen beginnt.

- Kiste 3 – WEGGEBEN
  Für alles Schöne, das Sie verschenken oder verkaufen möchten.
- Kiste 4 – WEGWERFEN
  Alles, wovon Sie sich sofort trennen können und möchten!
  Diese Kiste ist diejenige, die den größten Teil umfassen sollte.

Kiste 1 – BEHALTEN

Hier kommt alles hinein, was Ihnen am Herzen liegt und Sie behalten möchten. Überprüfen Sie dennoch:

- Ist dieser Gegenstand heute für Sie wirklich von Bedeutung?
- Brauchen Sie ihn wirklich?
- Tut dieser Gegenstand Ihnen gut – auch wenn Sie ihn kaum benutzen?

1) Haben Sie das Ding innerhalb der vergangenen zwölf Monate benutzt? Ist es Ihnen weiterhin von Nutzen?
- Ist die Antwort JA, dann behalten Sie den Gegenstand.
- Ist die Antwort NEIN, dann stellen Sie sich für mehr Klarheit die nächste Frage:
2) Brauchen Sie das Ding wirklich, tut es Ihnen gut und hilft es Ihnen weiter? Verbinden Sie damit Positives?
- Ist die Antwort JA, dann behalten Sie den Gegenstand.
- Ist die Antwort NEIN oder ein Zögern, dürfte dieser Gegenstand Ballast sein. Aber auch hier dürfen Sie dies noch einmal ehrlich überprüfen:
3) Lieben Sie die Sache aus vollem Herzen (leider steht Ihnen hier keine Auswahl mit »vielleicht« zur Verfügung)?
- Ist die Antwort JA, kommt es in Kiste 1.
- Ist die Antwort NEIN, kommt es in Kiste 2.

Kiste 2 – ÜBERLEGEN

Besitzen Sie Ihre Dinge, oder werden Sie von Ihren Dingen beherrscht? Zur leichteren Entscheidung finden Sie hier einige typische Gründe, weshalb man sich von manchen Dingen vielleicht schwerer trennt:

1) Dinge, die Sie zu etwas Besonderem machen: dazu gehören alle Statussymbole.
2) Sachen, die dem Ego schmeicheln: Sind all diese Andenken, Preise, Zeugnisse auch heute noch zeitgemäß für Sie? Sind Ihre Assoziationen ausgesprochen positiv? Oder ist Ihr Gefühl nur ein laues Aufflackern der Begeisterung?

3) Sachen, welche die Herkunft repräsentieren: Oft finden sich hierbei Reste aus dem Erziehungsmuster, wie zum Beispiel das Sammeln von leeren Schachteln, Gurkengläsern zum Einkochen, Plastikdosen für alle Fälle oder auch Unmengen an Werkzeug – so wie es Ihre Eltern gehandhabt haben oder noch handhaben. Erinnern Sie sich, wie Ihre Eltern dies gehandhabt haben, als Sie klein waren? Folgen Sie einem alten Muster? Passt das heute auch (noch) für Sie?

4) Sachen für alle Fälle und Eventualitäten, die man irgendwann vielleicht noch brauchen könnte. Angst vor einer möglichen Not programmiert Ihr Unterbewusstsein auf Mangel. Vielleicht entscheiden Sie sich jetzt für eine Neuausrichtung und vertrauen auf Ihr Versorgtsein?

5) Sachen, die darauf warten, endlich geordnet zu werden.

6) Sachen wie Geschenke oder Souvenirs, die mit Erinnerungen und Gefühlen verbunden sind. Brauchen Sie wirklich einen Gegenstand, um schöne Erinnerungen zu bewahren?

7) Sachen, die wie offene Projekte (z.B. reparaturbedürftige Objekte) auf Ihre Vollendung warten.

Setzen Sie sich ein Ziel bis höchstens zu einem halben Jahr, dass die Kiste 2 bis dahin leer sein muss.

Denken Sie daran, dass auch Verdrängung viel Energie kostet. Schreiben Sie auf, was Sie noch fertigstellen wollen und geben Sie diese Liste in Kiste 2. Diese Kiste ist eine Zwischenstufe und wird nach dem Hauptprozess des Ordnung-Schaffens weiterbearbeitet! Auch hier ist es empfehlenswert, sich ein Zeitlimit zu setzen.

Kiste 3 – WEGGEBEN

Hier können Sie so richtig in das Loslassen eintauchen! In diese Kiste kommt all das, was Sie verkaufen oder verschenken möchten. Hierfür sollten Sie sicherstellen:
- Die Sachen, die Sie weitergeben, sind sauber und in Ordnung.
- Sie verschenken Dinge ausschließlich an Menschen, von denen Sie sicher wissen, dass Sie der oder dem Beschenkten damit wirklich Freude bereiten. Machen Sie keine Zwangsbeglückungen. Halten Sie sich bitte vor Augen, wie es Ihnen mit unpersönlichen Geschenken geht.

Setzen Sie sich eine Frist, bis wann diese Kiste leer sein muss. Nach Ablauf dieser Zeit, die drei Monate nicht überschreiten sollte, verwandelt sich die Kiste 3 nämlich in Kiste 4!

Kiste 4 – WEGWERFEN

Hier landet alles, wovon Sie sich befreien möchten. Erinnern Sie sich: Gerümpel braucht viel Platz, Zeit, Nerven und bindet sehr viel Energie. Solange Sie sich nicht davon trennen, kann nichts Neues ins Leben treten. Seien Sie dankbar für diese Erkenntnis und Ihren großen Mut zur Veränderung!

Anhand Ihrer festgelegten Reihenfolge, auf die Sie vertrauen und von der Sie nicht abweichen, entrümpeln, ordnen und sortieren Sie nun Raum für Raum. Sie dürfen auch kleinere Teilbereiche definieren, um große Brocken etwas aufzuteilen wie zum Beispiel das Schlafzimmer mit der Unterkategorie Kleiderschrank. So unterteilen Sie Ihre »Wohnraumdiät« in überschaubare Häppchen, die sich leicht bearbeiten lassen. Bleiben Sie mit Ihrer Aufmerksamkeit und dem Tun beim aktuellen Bereich und im Moment präsent.

Treffen Sie Ihre Entscheidungen schnell und ohne lange nachzudenken. Durch Nachspüren und Nachdenken konnten Sie bereits bei der Bestandsaufnahme Klarheit schaffen, damit Sie im Tun rasch handeln können. Hören Sie auf Ihr Bauchgefühl und entscheiden Sie sich intuitiv und unabänderlich für die Zuordnung jedes Gegenstandes zu einer der vier Kistenkategorien. Achten

Sie im Zuge des Ordnungsprozesses auf ausreichende Pausen. Überfordern Sie sich nicht, sondern seien Sie achtsam und liebevoll mit sich selbst.

Als zusätzliche Hilfe – speziell für Kleidung und Bücher – empfehle ich Ihnen, die Methode der japanischen Aufräumexpertin Marie Kondo zu nutzen: Legen Sie alle Bücher wie auch sämtliche Kleidung, die Sie besitzen, als eigene Unterkategorie auf jeweils einen großen Stapel oder Haufen gesammelt auf. Dadurch wird die Fülle offensichtlich, aus der Sie schöpfen dürfen. Seien Sie dankbar dafür und entscheiden Sie dann, wie viel Sie wirklich benötigen.

Nehmen Sie jedes einzelne Teil, das Sie unsicher macht, in die Hand. Beobachten Sie Ihr Gefühl, das mit diesem Gegenstand entsteht. Heben Sie ausschließlich Dinge auf, die Ihr Herz zum Lachen bringen. Erinnern Sie sich stets an Ihr Ziel: Mein Zuhause nur mit absoluten Lieblingsstücken!

Es geht auch mit Upcycling: Werden Sie kreativ und verwandeln Sie ein altes, hässliches Auslaufmodell in Ihr erfrischendes und unverwechselbares Lieblingsstück!

Loslassen und Verändern – Räuchern

Nach diesem intensiven Eintauchen in die Welt der Materie und das sicherlich auch herausfordernde Neuordnen Ihrer Räume haben Sie sich **Leichtigkeit** redlich verdient!

Wenn Sie nach diesen Anstrengungen des Entrümpelns, Sortierens und des räumlichen Platzschaffens bereit sind für den nächsten Schritt, wenden wir uns nun den feinstofflichen und unsichtbaren energetischen Ebenen Ihrer Räume zu. Auch hier werden wir aktiv und dürfen alte und blockierende Energien loslassen. Wie dies gelingt? Auch dazu finden wir eine Antwort in der Zeit unserer Ahnen: Das Räuchern.

Räuchern ist ein traditionelles und bewährtes Werkzeug, um Räume und Energiefelder energetisch zu reinigen und zu klären. In vielen Kulturen nimmt diese alte Methode seit jeher einen wichtigen Stellenwert ein – in spirituellen wie auch profanen Lebensbereichen. Auch in unserem Kulturkreis wurde und wird seit alten Zeiten schon mit Rauch gereinigt und geklärt.

Energetische Raumreinigung – worum es wirklich geht

Weil alles um uns Energie ist, ist auch die gebaute und feste Materie belebt. Erinnern Sie sich: Alles, was in unseren Räumen stattfindet, legt sich im Speicher der Wände, Böden, Decken und des Inventars ab. Mit diesen raumenergetischen Prägungen geht jeder Mensch individuell in Resonanz. So sind manche Energien in diesem Gedächtnis unseres Zuhauses stärkend, andere wiederum können sich schwächend und belastend auswirken.

Im Zuge einer tiefgehenden energetischen Raumreinigung arbeitet man genau mit diesen gespeicherten Informationen unserer Räume. Ziel ist es, alte, verbrauchte und für Sie und Ihre

Wie geht man nun idealerweise bei einer energetischen Raumreinigung vor?

Wie geht man nun idealerweise bei einer energetischen Raumreinigung vor? Zielführend ist ein Aufbau des Reinigungsrituals in wiederum drei Schritten. So fällt es leicht, in jedem Schritt den Fokus auf das Wesentliche zu halten. Um eine bessere Vorstellung davon zu bekommen, wie das energetische Reinigen von Räumen zu verstehen ist, vergleichen wir diese drei Schritte anhand einer Wohnungsrenovierung. Diese Beschreibung dient nur der Veranschaulichung, wie die drei Schritte der energetischen Raumreinigung wirken. Der Aufbau und die Durchführung des Reinigungsrituals sind im Anschluss genau beschrieben.

1. Lösen der alten und verbrauchten Energien aus dem Speicher der Wohnung

Im ersten Schritt gehen wir gleich ans Eingemachte. Hier verbinden wir uns mit allen alten, überflüssigen, zähen, fremden Energien und all den energetischen Resten, die sich im jetzigen Energiefeld störend und blockierend auswirken. Im Zuge unserer virtuellen Wohnungsrenovierung schlagen wir in diesem Schritt sozusagen den Putz von den Wänden und reißen (energetische) Altlasten ab. Dies ist eine kraftraubende und anspruchsvolle Arbeit. Wundern Sie sich nicht – dieser erste Schritt ist auch bei der energetischen Raumreinigung der anstrengendste.

2. Aufbauen der neuen Energien

Das Energiefeld ist nach dem ersten Schritt ungeordnet und offen. So kann es natürlich nicht bleiben. Auch bei einer Wohnungssanierung ist die ärgste Arbeit zwar getan, aber nun beginnt das Verputzen der Wände etc.
Laden Sie nun in diesem zweiten Schritt neue und stärkende Energien und Kräfte in Ihr Zuhause ein, die dem energetischen Speicher einen neuen Anstrich geben. Verwenden Sie dazu die ganze Ihnen zur Verfügung stehende Farbpalette. Laden Sie alle Energien ein, mit denen Sie sich umgeben möchten: Freude, Gesundheit, Kraft, Mut, Vertrauen, Leichtigkeit, Gelassenheit und vieles mehr.

3. Abspeichern

Zu guter Letzt beschließen Sie die energetische Raumreinigung damit, dass Sie die neuen und frischen Energien in den energetischen Speicher Ihres Zuhauses einbetten. Schließlich sollen diese ja nicht gleich wieder entweichen, sondern hilfreich und stärkend zur Seite stehen. Vor Bezug der frisch renovierten Wohnung werden ja die Räume auch wieder dekoriert und eingerichtet. Genießen Sie das neue Umfeld mit lauter Lieblingsstücken und feinen Energien im Gedächtnis unserer Räume.

Familie fremde Energien aus diesem Speicher zu lösen und diesen mit neuen Energien zu versehen. Auch dazu nutzen Sie die Kraft eines Rituals, um diese Handlung zu stärken und zu potenzieren.

Materie hat die Eigenschaft, Energie zu binden und zu speichern. Deshalb ist es als ersten Schritt zur energetischen Raumreinigung wesentlich, zuerst in der dinglichen und sichtbaren Welt Ordnung zu schaffen. Allein schon das Loslassen von überflüssigem Ballast und das Reduzieren des Zuviels im eigenen Zuhause wirkt sich positiv auf das Energiefeld der eigenen vier Wände aus! Durch das Neuordnen und Strukturieren von Dingen lösen sich bereits viele alte und leblose Energien aus dem energetischen Speicher des Zuhauses.

Die sichtbare Welt ist mit den dahinterliegenden feinstofflichen Ebenen fest verbunden. Diese Seinsebenen stehen in ständiger Verbindung zueinander und bedingen einander auf unserem Planeten. Umso mehr erscheint es logisch, dass eine energetische Raumreinigung nur dann wirklich zielführend sein kann, wenn gleichzeitig die sichtbare Welt geordnet wird.

Wenn Sie nun bereits das angenehme Gefühl des sichtbaren Aufatmens in Ihrem Zuhause genießen dürfen, wollen wir uns an den nächsten Schritt des feinstofflichen Loslassens machen.

Eine energetische Raumreinigung wirkt sich immer auf die sichtbare Welt aus. Somit hat diese Veränderung im Energiefeld Ihres Zuhauses auch Einfluss auf Sie und Ihre Familie. Die feinstofflichen Dimensionen sind stets mit dem physischen Sein verwoben. So hinterlassen auch alle menschlichen Gedanken, Gefühle und Handlungen ihre Spuren im Feinstofflichen.

Das Räucherritual – Aufbau und Gestaltung

Räuchern ist ein Ritual, das zentriert und nach innen führt. Wohl deshalb wird es in der dunklen Jahresnacht und im Winterhalbjahr wesentlich häufiger angewendet als im aktiven und nach außen orientierten Jahrestag des Sommerhalbjahres. Dennoch kann auf Räuchern als vielfältige Unterstützung das ganze Jahr über zurückgegriffen werden.

- Räuchern ist eine äußerst effiziente Methode, um Räume von energetischem Ballast zu befreien und die Atmosphäre in Räumen zu heben.
- Räuchern kann alle Prozesse für ein bewusstes Feiern der Raunächte unterstützen.
- Auch während des Jahres lässt sich mit Räuchern zu jeder Zeit eine alltägliche Handlung in ein Ritual verwandeln.

Räuchern spricht vor allem den Geruchssinn an. Dieser Sinn ist direkt mit dem limbischen System verbunden und beeinflusst so auch unsere Emotionen. Wir reagieren auf Gerüche instinktiv, die Verstandesebene hat hier Pause. Räuchern eignet sich ausgezeichnet dazu, aus der rationalen Ebene herauszutreten und sich von den Gerüchen auf die Gefühlsebene führen zu lassen. Darin entfalten Rituale auch ihre besondere Kraft und Mystik: Heilige Handlungen lassen sich nicht mit dem Verstand steuern. Sie entziehen sich den Regeln der Logik und bringen uns ins Spüren, Fühlen und Vertrauen. Es gibt keinen klar definierbaren, logischen Weg zum Ziel. Somit entzieht sich ein Ritual der Planung und auch dem zeitlich linearen und logischen System.

Ein Ritual läuft über die Gefühlsebene ab. Es bringt uns ins Jetzt, macht uns achtsam, wach und lebendig. Im Ritual werden die zirkularen und dehnbaren Aspekte der Zeit erlebbar.

Mit dem Fühlen Hand in Hand geht das Hören auf Ihre innere Stimme, wann und wie oft sich dieses Ritual für Sie und Ihre Familie als zuträglich und angenehm anfühlt.

Räuchern ist ein effizientes und schönes Ritual, mit dem Sie bewusst den Raum für das Neue öffnen können, Altes und Belastendes lösen und in Liebe und Dankbarkeit verabschieden können. Räuchern ist ein Ritual, das auch, wie so vieles, der Übung bedarf. Auch diese Reise beginnt mit Ihrem ersten Schritt …

Vorbereitung – Was Sie benötigen
Sie benötigen für den Aufbau eines Räucherrituals
- ein feuerfestes Räuchergefäß, am besten mit Griff. Sie können zusätzlich Sand einfüllen, um die Hitze zu reduzieren.
- einen hitzebeständigen Untersatz. Damit vermeiden Sie Brandflecken beim Abstellen des Räuchergefäßes.
- Räucherkohle und Feuer
- Räucherwerk: Es gibt Harze, Kräuter, Hölzer und jede Menge Räuchermischungen. Wählen Sie zu Beginn intuitiv das Räucherwerk aus, das Sie verwenden möchten. Achten Sie aber in jedem Fall auf gute Qualität.

Wenn Sie öfter räuchern möchten, empfiehlt sich auch noch zusätzlich:
- eine Räucherzange zum Halten und Drehen der glühenden Kohle
- echte Federn oder einen Fächer, um den Rauch zu »lenken«.
- einen Mörser und Stößel zum Zerkleinern des Räucherwerks

Wie Sie vorgehen

Sie beginnen das Räucher- und Raumreinigungsritual, indem Sie sich einen Platz in Ihrer Wohnung wählen, von dem aus Sie Ihr Ritual durchführen möchten. Das kann das gefühlsmäßig ermittelte Zentrum oder Herz Ihrer Wohnung oder Ihr Lieblingsplatz sein.

Dort bauen Sie eine »Mitte« auf: Nehmen Sie dazu ein paar Blumen, fügen Sie vielleicht auch eine Kerze hinzu. Ergänzen Sie diese Mitte mit stärkenden Symbolen oder persönlichen Kraftgegenständen.

Achten Sie einfach darauf, dass diese »Mitte« schön aussieht und von Herzen kommt. Hier gibt es kein Richtig oder Falsch. Eine schön gestaltete Mitte symbolisiert Ihre Dankbarkeit für das Loslassendürfen, das Geführtwerden und den Schutz, der Ihnen gewährt wird. Zusätzlich entfaltet sich aus einem liebevoll und achtsam gestalteten Zentrum eine stärkere Kraft und Intensität.

Legen Sie vor Beginn des Räucherrituals alles bereit, was Sie benötigen. Stellen Sie sicher, dass Sie während dieser Zeit nicht gestört werden – auch nicht von Ihren Kindern, Haustieren oder Rauchmeldern.

Rituale laufen über die Gefühlsebene ab.

Wie Sie vorgehen

Sie beginnen das Räucher- und Raumreinigungsritual, indem Sie sich einen Platz in Ihrer Wohnung wählen, von dem aus Sie Ihr Ritual durchführen möchten. Das kann das gefühlsmäßig ermittelte Zentrum oder Herz Ihrer Wohnung oder Ihr Lieblingsplatz sein.

Dort bauen Sie eine »Mitte« auf: Nehmen Sie dazu ein paar Blumen, fügen Sie vielleicht auch eine Kerze hinzu. Ergänzen Sie diese Mitte mit stärkenden Symbolen oder persönlichen Kraftgegenständen.

Achten Sie einfach darauf, dass diese »Mitte« schön aussieht und von Herzen kommt. Hier gibt es kein Richtig oder Falsch. Eine schön gestaltete Mitte symbolisiert Ihre Dankbarkeit für das Loslassendürfen, das Geführtwerden und den Schutz, der Ihnen gewährt wird. Zusätzlich entfaltet sich aus einem liebevoll und achtsam gestalteten Zentrum eine stärkere Kraft und Intensität.

Legen Sie vor Beginn des Räucherrituals alles bereit, was Sie benötigen. Stellen Sie sicher, dass Sie während dieser Zeit nicht gestört werden – auch nicht von Ihren Kindern, Haustieren oder Rauchmeldern.

Rituale laufen über die Gefühlsebene ab.

- Sie beginnen das Ritual, indem Sie bewusst die Kerze in der von Ihnen geschaffenen »Mitte« entzünden, die für die Dauer Ihres Rituals brennt.
- Finden Sie in Ihre innere Mitte und erklären Sie Ihre Absicht. Wenn Sie möchten, sprechen Sie ein stilles Gebet.
- Laden Sie Ihre geistigen Helfer, Krafttiere und auch Ahnen ein. Bitten Sie diese um Schutz und Geleit für Ihr Ritual.
- Bitten Sie um Freigabe aller Energien, sich dem höchsten Wohl entsprechend aus dem energetischen Speicher Ihrer Wohnung zu lösen und an ihren Ursprung zurückzukehren.
- Nun beginnen Sie mit dem Reinigungsritual und den drei Schritten des Räucherns (Beschreibung der drei Schritte siehe Seite 64). Bleiben Sie achtsam in einer dankbaren und liebenden Haltung.
- Nach Beendigung des Rituals danken Sie den Energien für ihr Dagewesensein und der geistigen Welt für die Hilfe und Unterstützung. (Dagewesensein drückt aus, dass die Energien in der Vergangenheit da waren und jetzt aber gelöst sind – wohingegen Präsenz ausdrückt, dass diese Kräfte immer noch da wären.)
- Mit dem Ausblasen der Kerze beenden Sie Ihr Ritual in Liebe und Dankbarkeit.

So räuchern Sie

Entzünden Sie vorsichtig die Kohle und legen Ihr gewähltes Räucherwerk auf. Ausgehend von der Ritualmitte gehen Sie mit dem Räuchergefäß von Raum zu Raum. Beginnen Sie bei Ihrer Eingangstür als Schwelle zwischen Innen und Außen. Die Tür ist energetisch der Mund Ihrer Wohnung: Hier beginnt Ihr Zuhause.

 Die Reihenfolge Ihrer Räume wählen Sie intuitiv: Lassen Sie sich führen und gehen Sie mit Ihrem Räuchergefäß von einem Raum zum nächsten. Besonderes Augenmerk legen Sie auf die Ecken und Winkel Ihrer Räume. Sie verweilen so lange in jedem Bereich, bis Sie den Impuls verspüren, weiterzugehen. Lassen Sie keinen Raum aus. Den aufsteigenden Rauch fächeln Sie mit Ihrer Hand sanft in den Raum. In Ihrem eigenen Zuhause können Sie auch in den Rauch blasen. Wenn Sie möchten, verwenden Sie dazu auch eine Feder oder einen Fächer. Sie können in jedem Raum ein anderes Räucherwerk verwenden, wenn Sie mehrere zur Auswahl haben. Ob das notwendig ist, sagt Ihnen Ihre innere Stimme oder Ihr Bauchgefühl.

Lassen Sie sich von Ihrer inneren Stimme führen und vertrauen Sie auf Ihre Intuition.

Wenn Ihr Räucherwerk unangenehm zu riechen beginnt oder zu wenig raucht, legen Sie frisches auf die Kohle. Sie werden während Ihres Rituals vermutlich mehrmals nachlegen müssen. Nehmen Sie zu Beginn lieber etwas weniger Räucherwerk: Einige Räuchermischungen, insbesondere Harze, sind in ihrer Wirkung sehr intensiv.

Während des gesamten Rituals behalten Sie Ihren Fokus auf der Bitte, dass sich alles lösen und den Raum verlassen möge, was Sie und Ihre Familie in Ihrem Leben und Ihrem Zuhause behindert oder schwächt. Bleiben Sie bei klaren Formulierungen und vermeiden Sie das Wort »nicht«. Verabschieden Sie alles, was hemmt, blockiert oder schwächt. Vermeiden Sie Formulierungen wie »nicht guttut« oder »nicht stärkt«. Sie können sich auch bildlich vorstellen, wie sich alte Energie aus den Wänden, Decken und Böden löst und Ihre Wohnung verlässt.

Gehen Sie mit offenem Herzen und Dankbarkeit vor. Lassen Sie sich nicht zu Gefühlen wie Groll oder Ärger auf Situationen oder Personen hinreißen, die vielleicht für Sie unangenehme Energien oder Erinnerungen in Ihr Zuhause gebracht haben mögen. Alles, was war, hatte seinen, wenngleich oft nicht bewusst erkennbaren, tieferen Sinn. Seien Sie vielmehr dankbar dafür, sich *jetzt* von Belastendem lösen zu dürfen. Verabschieden Sie sich achtsam in Liebe und Dankbarkeit von den gelösten Energien.

Nach Beenden des ersten Schrittes, dem Lösen alter und verbrauchter Energien, lüften Sie alle Räume ausreichend. Gehen Sie dabei noch einmal durch alle Bereiche, die Sie gereinigt haben. Schicken Sie mögliche energetische Reste liebevoll, aber bestimmt mittels Luftzug aus Ihrer Wohnung. Danach schließen Sie Fenster und Türen wieder.

Der anstrengendste Teil ist nun getan und Sie finden sich zu Schritt zwei wieder in der Mitte Ihres Rituals ein. Nun beginnen Sie mit dem Wiederaufbau des energetischen Feldes, zu dem Sie alle hebenden und stärkenden Energien einladen, mit denen Sie Ihren Wohnraum teilen möchten. Dazu wählen Sie intuitiv Ihr Räucherwerk. Sprechen Sie die frischen Energien und Kräfte direkt an, indem Sie diese laut beim Namen nennen: Fülle, Freude, Gesundheit, Stärke, Mut, Vertrauen und vieles mehr. Spüren Sie die Lebendigkeit, die Einzug hält! Bemerken Sie bereits die Veränderung im Raum oder Ihrer Stimmung?

Nach dem erfolgten zweiten Schritt des Reinigungsrituals lüften Sie vorerst nicht. Erinnern Sie sich vielmehr daran, dass diese neuen energetischen Gäste ja bei Ihnen noch nicht heimisch sind. Aus diesem Grund beginnen Sie nun mit dem dritten Durchgang durch alle Räume, um das Energiefeld wieder zu versiegeln. Mit diesem Vorgang prägen Sie diese neuen Energien im energetischen Speicher Ihres Zuhauses ein.

Dazu beginnen Sie wieder im Zentrum des Rituals. Wählen Sie wieder Ihr Räucherwerk und legen es auf die Kohle. Wiederum gehen Sie Raum für Raum mit dem Räuchergefäß durch alle Bereiche Ihrer Wohnung und danken Sie dabei für alles, was war, was ist und was kommen mag. Danken Sie aus der Mitte Ihres Herzens für alle Energien und Kräfte, die sich gelöst haben. Danken Sie für alles Neue und Schöne, was in Ihr Zuhause einziehen durfte. Nehmen Sie sich auch für diesen letzten Schritt ausreichend Zeit.

Wenn Sie mit diesen drei Schritten alle Räume energetisch gereinigt und ein gutes Gefühl haben, beenden Sie das Ritual. Es findet dort sein Ende, wo es begonnen wurde:

Sie bedanken sich bei Ihrer geistigen Führung und allen Energien, die sich gelöst haben.

Das Ausblasen der Kerze lässt Sie wieder bewusst aus Ihrem Ritual aussteigen und in Ihren Alltag zurückkehren. Lüften Sie anschließend Ihre Räume oder tun dies zumindest vor dem Schlafengehen.

Achtsamkeit im Räucherritual

Bitte beachten Sie, dass Reinigungsrituale eine tiefe Wirkung haben! Gönnen Sie sich im Anschluss Zeit zur Ruhe und gehen Sie achtsam mit sich um. Es ist möglich, dass Sie die Auswirkungen dieses Rituals auf körperlicher, emotionaler oder seelischer Ebene spüren. Dies ist Teil des Reinigungsrituals. Seien Sie dankbar für diese heilsamen Erfahrungen.

Besonders Kinder können oft schnell und unmittelbar auf Änderungen im Energiefeld reagieren. Deshalb ist hier besondere Achtsamkeit auf das gesunde Maß zu legen: Gerade in diesem Fall ist weniger oft mehr.

Wahl Ihres Räucherwerks

Heutzutage werden im Fachhandel eine Menge an unterschiedlichsten Räucherwerken angeboten. Harze, pflanzliche Räucherwerke, Räuchersticks, Räuchermischungen und Räucherstäbchen führen manchmal zur Qual der Wahl. Bei pflanzlichen Räucherwerken werden Hölzer, Rinden, Wurzeln, Blätter, Samen und Blüten verwendet. Aus dieser Vielfalt der Natur wählen Sie Ihr Räucherwerk, indem Sie auch hier auf Ihre innere Stimme hören, welches das für Sie passendste sein mag. Es gibt Räucherwerk in purer Form wie Salbei oder Weihrauch oder spezielle Mischungen. Hier ist die Palette weit gefasst. Je nach thematischem Bezug gibt es verschiedene Räuchermischungen, die auf der gewünschten energetischen Ebene wirksam sind. Solche Mischungen finden Sie für Reinigung, Entspannung, Erdung, Heilung und viele weitere Themen.

Räucherwerke können in ihrer Wirkung sehr intensiv sein. Achten Sie auf die Dosierung – besonders, wenn Sie noch nicht so viel Räuchererfahrung haben. Sie sind gut beraten mit dem Motto: Weniger ist mehr! Im Fall der Fälle kann ja immer noch Räucherwerk auf die Kohle nachgelegt werden.

Die Wahl Ihres passenden Räucherwerks erfolgt intuitiv. Achten Sie dabei auf Ihr Bauchgefühl. Sie werden gewiss kein »falsches« Räucherwerk erwischen – folgen Sie bitte Ihrer Eingebung und hören Sie auf Ihre innere Stimme. Bei jedem Räucherritual geht es in allererster Linie um die Absicht, die dahintersteckt. Der Rauch als Informationsträger übermittelt Ihr Anliegen von der irdischen in die feinstoffliche Welt, in der sich die Wirkung Ihres Rituals entfaltet. Somit ist die Erklärung Ihrer Absicht für Ihr Ritual wesentlicher als die Wahl des Duftstoffes selbst. Natürlich gibt es dank der Vielzahl der Pflanzen und Duftstoffe solche, mit denen Sie Ihre Absicht bewusst verstärken können. Bitte bleiben Sie jedoch bei der Wahl Ihrer Räucherwerke im Fühlen und Erspüren. Wählen Sie Ihr Räucherwerk nicht rein aus der logischen Verstandesebene. Jegliches Ritual führt vom Verstand ins Fühlen und wirkt über unsere Herzensebene. Letztendlich ist es die Sprache des Herzens, die die feinstoffliche Welt viel besser verstehen kann als die Sprache des Verstandes. Und es ist Ihre Herzensebene, auf der Sie auch Ihre Antworten erhalten, wenn Sie genau »hinhören«.

Bitte achten Sie beim Kauf Ihres Räucherwerkes auf gute Qualität oder sammeln Sie Ihre Räucherpflanzen selbst in der Natur! Gestalten Sie Ihr eigenes Sammelritual und lassen Sie sich von den Feiertagen des Jahreskreises intuitiv zu »Ihren« Pflanzen führen. Lassen Sie dabei Ihrer Kreativität freien Lauf! Trocknen

Sie Ihre Kräuter und Blüten und verarbeiten Sie diese mit selbstgesammelten Baumharzen zu Ihrer eigenen wohlriechenden Mischung. Oder binden Sie Ihre Kräuter und Blüten liebevoll zu bunten Räucherbündeln, die die Farben und Düfte des Sommers in der dunklen Jahreshälfte entfalten.

Ihre aus dem Herzen kommende Absicht gibt Ihrem Ritual seine Essenz und besondere Qualität. Deshalb legen Sie auch bei der Wahl Ihrer Räucherwerke auf diese Qualität Wert. Verzichten Sie auf synthetische Inhaltsstoffe. Vor allem bei den vielen Duftrichtungen und Aromen von Räucherstäbchen finden sich oft minderwertige Qualitäten. Übrigens: Räucherstäbchen eignen sich zum Ausräuchern von Räumen generell nur bedingt und dienen eher der Raumluft- und Duftverbesserung.

Seien Sie kreativ, neugierig und folgen Sie Ihren Inspirationen! Rituale – auch das Räuchern – entziehen sich der Logik, der Norm und Regelmäßigkeit. Durchbrechen Sie in Ihrem Ritual und Ihrem Räuchern die Linearität und Monotonie. Machen Sie sich vertrauensvoll und neugierig auf Ihren eigenen Weg und öffnen Sie Ihren Raum für neue Perspektiven und Möglichkeiten!

Vertrauen Sie bei der Wahl der Räucherwerke auf Ihre Intuition!

Loslassen und Verändern – Die Zeit der Raunächte

Durch Ihr Tun haben Sie nun bereits sehr viel in Ihren Räumen verändert. **Veränderung** erfordert jedoch – wie Sie ja bereits wissen – auch immer die Betrachtung der **Zeit**. Wir wenden uns nun auf den folgenden Seiten der Qualität der Zeit und des Jahreskreises zu.

Zwischen den Zeiten

In den Raunächten öffnen sich die Tore zur Anderswelt und zu unseren Ahnen. Bildlich beschrieben liegen energetische Schleier wie ein Nebel als Schutz zwischen der diesseitigen Welt und der jenseitigen Ebene der Ahnen und Verstorbenen. Die Schleier zwischen diesen Welten sind in der Zeit der Raunächte besonders durchlässig und heben sich über einen Zeitraum von einigen Tagen. Dieser sogenannten »Zeit zwischen den Zeiten« wohnt seit jeher eine besondere Mystik inne. Ihren Ursprung haben die Raunächte in den beiden unterschiedlichen, jedoch ineinandergreifenden Zyklen der Natur. Es sind dies der Lauf des Mondes und der Lauf der Sonne.

Die Differenz zwischen diesen Zyklen sind zwölf Tage und Nächte. Da diese Zeit zwischen 25. Dezember und 5. Jänner in die dunkle »Jahresnacht« des Winters fällt, werden die zwölf Tage und Nächte generell als »Nächte« bezeichnet.

Meist wird schon der 21. Dezember als Beginn der Raunächte miteinbezogen und als die nullte Raunacht bezeichnet. Der eigentliche Beginn der zwölf »offiziellen« Raunächte ist der 25. Dezember.

Am 24. Dezember, am Weihnachtsabend, beginnen sich die Schleier zu heben. Danach vergehen zwölf Tage und Nächte bis zur letzten Raunacht am 5. Jänner, die am Morgen des 6. Jänner endet. In manchen Zählungen wird zusätzlich noch der Martinstag am 11. November miteinbezogen. Die christliche Deutung beschränkt sich hingegen auf vier Raunächte: 21. Dezember, 25. Dezember, 1. Jänner und 5. Jänner.

Jede Raunacht beginnt mit der Morgendämmerung und endet mit der Dämmerung des Folgetages. Die Übergänge zwischen den einzelnen Raunächten sind fließend und lassen sich somit auch nicht pünktlich mit der Uhr messen.

Wir erinnern uns an das Zeitverständnis unserer Ahnen, wonach die Zeit dehnbar und zyklisch verläuft. Je mehr man versucht, die Zeit der Raunächte nach einem logischen und linearen Zeitverständnis zu erklären, umso eher entziehen sich diese unserer Vorstellung.

Im keltischen Jahresrad feiern wir am 21. Dezember die tiefste und dunkelste Nacht des Jahres. Diese Nacht ist auch bekannt als Thomasnacht und Wintersonnenwende.

Dieser Tag markiert die Wiederkehr der Sonne und die Rückkehr des Lichts am Wendepunkt der längsten Nacht und des kürzesten Tages. Mit der Rückkehr des Lichts scheint die Gewissheit auf neues Leben sicher.

Die Wiedergeburt des Lichts, der Sonne, steht auch in Zusammenhang mit dem christlichen Weihnachtsfest, an dem die Geburt von Jesus, dem Sohn Gottes, als der Lichtbringer für die Welt und die Menschheit gefeiert wird. Erinnern Sie sich an dieser

---

Die Zwölf ist eine heilige Zahl, der wir immer wieder begegnen:

12 ... Stunden hat der Tag
12 ... Stunden hat die Nacht
12 ... Monate sind ein Jahr
12 ... Tierkreiszeichen prägen uns
12 ... Jünger begleiteten Jesus
12 ... Götter finden sich im Sitz des Olymp
12 ... sind ein Dutzend
12 ... kennen wir als die »gute« Zahl im Märchen
12 ... als heilige Zahl findet sich in vielen Kulturen

Stelle noch einmal an das keltische Jahresrad (Seite 17): Hier finden wir das Jahr mit der hellen Jahreshälfte in den »Jahrestag« und der dunklen Hälfte in die »Jahresnacht« aufgeteilt. Im Verständnis unserer Ahnen wird der Sommer als männlich, der Winter in seiner energetischen Ausprägung jedoch als weiblich empfunden und beschrieben. Die Zeit der Raunächte ist also in eine sehr weibliche Energie eingebettet. Zu der bergenden, nährenden, schützenden und ruhenden Kraft des weiblichen Aspekts zählt zudem der mütterliche Aspekt. Auch die Stufen des Lebens mit den einander bedingenden Rhythmen von Geburt, Fülle, Tod und Transformation sind in diese weiblichen Energien und Kräfte eingewoben.

Tod und Dunkelheit spielen in den Raunächten eine zentrale Rolle. So ist es nicht überraschend, dass wir gerade in dieser Zeit allerlei Sagen, Mythen und Legenden um die »Wilde Jagd«, die »Wilden Weiber« und deren Gefolge finden: Sie verkörpern das Weibliche mit all seiner Urkraft. Diese Wesen tragen sowohl die dunkle und destruktive, aber auch die lichtvolle und nährende Qualität in sich. Je nach persönlichem Verhalten oder Bewusstsein berühren die »Wilden Weiber« im Menschen die lichte oder dunkle Seite und zeigen deren Auswirkung im Leben auf. In dem bis heute noch lebendigen Brauchtum der Perchtenläufe sind die Erinnerungen an die »Wilde Jagd« erhalten geblieben und oft mehr als lebhaft spürbar. Viele Fruchtbarkeitsrituale werden ebenso mit diesen stark weiblichen Energieträgern der »Wilden Jagd« und auch der »Percht«, die dieses Gefolge anführt, in Verbindung gebracht.

In Zusammenhang mit diesem Gefolge tauchen auch oft die drei Schicksalsgöttinnen, die drei Nornen, wie sie in der nordischen Mythologie genannt werden, auf:

- Urd – das Gewordene
- Werdandi – das Werdende
- Skuld – was werden soll

Diese Dreigestalt der Göttinnenkraft findet sich in vielen unterschiedlichen Kulturen und Überlieferungen wieder. Sie symbolisiert – immer als Dreiheit – die Stufen der Spirale des Lebens: Wiedergeburt – Fülle des Lebens – Tod und Transformation für die Wiedergeburt auf die nächsthöhere Stufe des Seins.

Um diesen Wendepunkt im Sonnenjahr und die Raunächte entwickelte sich im Lauf der Zeit allerlei Brauchtum. Vor allem ranken sich darum viele Orakel und Prophezeiungen, die Ausblick auf das neue Jahr geben sollen. In den Raunächten hat, den alten Überlieferungen gemäß, *alles* seine besondere Bedeutung: Jedes Ereignis, jede Begegnung, jeder Mensch, jedes Tier – in allem kann eine tiefere Bedeutung gesehen werden, die Sie einen Schritt auf Ihrem Weg weiterbringt. Jeder »Zufall« ist ein Geschenk, das Ihnen zufällt.

Alte Muster und persönliche Verhaltensweisen lassen sich mit Hilfe der Energie dieser besonderen Zeit erkennen und dürfen gelöst werden. Dadurch können die Weichen für die persönliche Entwicklung im neuen Jahr bewusst gestellt werden. Die Wahrscheinlichkeit, dass sich die Dinge oder der persönliche Weg im neuen Jahr zum Positiven verändert, ist durch die persönliche Innenschau weitaus höher als wenn man sich auf ein Orakel verlässt. Dieses Innehalten und bewusste Neuausrichten des eigenen Seins ist der Weg, der in die eigene Verantwortung für das Leben führt. Sobald nicht länger das Außen Ihren Weg vorgibt, öffnen sich Türen und Wege, die weiterführen.

Natürlich soll Sie dies nicht unter Druck setzen, sondern im Gegenteil ...

- Üben Sie sich in Gelassenheit.
- Seien Sie Beobachter und halten Sie an nichts fest.
- Achten Sie auf Ihre Träume.
- Erwarten Sie *nichts*, seien Sie jedoch dankbar für *alles*.

Vielleicht möchten Sie zu den Raunächten ein Raunacht-Tagebuch führen? Notieren Sie darin zu jedem Tag besondere Ereignisse, Begegnungen und auch Träume.

Geben Sie Ihren Gedanken und Gefühlen Raum, die Sie an diesen Tagen begleiten.

Jede Raunacht steht den alten Überlieferungen zufolge für einen Monat des kommenden Jahres. So wurde in alten Zeiten jeder dieser Tage genau beobachtet, die Ereignisse gedeutet und als Prognose für das kommende Jahr ausgelegt. Nutzen Sie dazu Ihr Raunacht-Tagebuch. In dieser Zeit setzen Sie bewusst Ihre Samen für das neue Jahr: Halten Sie inne, nehmen Sie in dieser Zeit achtsam und bewusst wahr, was sich in den kommenden zwölf Monaten für Sie ändern darf.

Nun mögen die Raunächte beginnen und Sie in ein glückliches neues Jahr geleiten!

> Geben Sie Ihren Gedanken und Gefühlen Raum, die Sie an diesen Tagen begleiten.

Die zwölf Raunächte und ihre Essenz

Die nullte Raunacht am 21. Dezember – Die Rückkehr des Lichts

Bis zum 21. Dezember war in früheren Zeiten alle Arbeit abzuschließen. Es beginnt die Zeit des Innehaltens und der Stille. Dieser Tag lädt zum bewussten In-die-Stille-Gehen und Stehenbleiben, zum Präsentsein im Jetzt und zum Annehmen des Moments ein. Tun Sie an diesem Tag wirklich *nichts*.

»Nicht-Handlungen« sind uns in der Hektik des modernen Alltags oft wenig geläufig oder völlig abhandengekommen. Die Stille zu finden, zuzulassen und zu genießen ist die Essenz dieses Tages, er lässt Sie bewusst entschleunigen, um mit Achtsamkeit und Ruhe in die Energie der Raunächte eintauchen zu dürfen.

Mit der Rückkehr des Lichts ist es auch an der Zeit, aus unserem Zuhause alles Alte und Verbrauchte zu verabschieden und zu lösen – im materiellen wie auch energetischen Sinne.

Bereiten Sie Ihr Zuhause schon in den Tagen davor auf diese besondere Zeit vor und sorgen Sie für Ordnung und Klarheit. Verabschieden Sie nutzlos gewordene und überflüssige Dinge aus Ihren Räumen. Nutzen Sie auch die alte Methode des Räucherns, um möglichen energetischen Ballast aus Ihrem Zuhause zu lösen.

Die Übung für den 21. Dezember

Heißen Sie heute das neue Licht und das neue Leben in Ihrem Zuhause und auch in sich selbst willkommen:
- Gehen Sie in die Stille.
- Finden Sie sich mit Ihren Lieben in Ruhe zusammen.
- Reduzieren Sie Ihre Aktivität im Außen.
- Reinigen Sie in Stille Ihr Zuhause durch Räuchern und machen Sie bewusst Platz für das Neue. Tun Sie dies auch räumlich und entrümpeln Sie Ihre Räume, wo dies nötig sein sollte. Idealerweise erfolgt dieser Schritt bereits in den Tagen vor dem 21. Dezember, damit dieser Tag in Stille und Zentrierung erlebt werden kann.
- Beobachten Sie sich in möglichem Bewerten oder Urteilen, halten Sie darin inne und denken Sie daran: Liebe lässt immer eine Brücke entstehen.

Der 21. Dezember ist Ihre Vorbereitung auf die Zeit der Raunächte. Lassen Sie sich mit offenem Herzen darauf ein und freuen Sie sich auf die kommenden Tage und Nächte!

Der Abend des 24. Dezember –
Der Übergang in die Zeit der Raunächte

Die Rückkehr des Lichts wird durch das Füllen der Leere und der Dunkelheit mit Licht in Gestalt des neugeborenen Jesuskindes offenbar. Gottes Sohn als Lichtbringer wird in eine leere Krippe gelegt und erhellt die Dunkelheit. Dieser Tag ist geprägt durch die bedingungslose Hingabe und das unbeirrbare Vertrauen in die Kraft der Liebe. Das Körperhafte, die Materie und vor allem die Familie als haltgebende Struktur stehen an diesem Tag im Mittelpunkt.

Besonders für die eigene Familie und für unsere Partnerschaft streben wir nach Perfektion. Die Heil(ig)e Familie steht an diesem Abend besonders stark als Vorbild in unseren Räumen.

Ironischerweise lässt sich die Illusion der heilen Familie recht oft zu Weihnachten nicht aufrechterhalten: Gerade in dieser Heiligen Zeit kommt es häufig zu Familienkrach und Streit. Erinnern wir uns an die Übung und Essenz vom 21. Dezember: Am 24. Dezember ist eine gute Gelegenheit, das bedingungslose Annehmen aller Menschen und Situationen anzuwenden. Treten Sie innerlich einen Schritt zurück und betrachten Sie Ihre Familie wert- und urteilsfrei mit den Augen der Liebe und Dankbarkeit.

»Wäre jeder in der gebenden Position, gäbe es für jeden genug zu empfangen.«

Die Übung für den 24. Dezember
- Habe ich lieber Recht oder Frieden im Haus?
- Was kann ich geben, im Gegenzug zum Nehmen?
- Treten Sie bewusst in eine aus dem Herzen und in Bedingungslosigkeit gebende Position, ohne an das Nehmen zu denken.
- Machen Sie einen Spaziergang. Achten Sie dabei bewusst auf jeden Schritt, bleiben Sie in der Stille, lassen Sie Ihre Gedanken und Gefühle kommen und gehen, halten Sie an nichts fest. Freuen Sie sich am puren Sein, am Leben und der Natur sowie an Mutter Erde, die sich in Bedingungslosigkeit an uns Menschen verschenkt.
- Seien Sie dankbar!
- Notieren Sie heute besondere Gedanken, Gefühle, Begegnungen und Träume in Ihr Raunacht-Tagebuch. Was nehmen Sie sich von dieser Raunacht als Essenz mit in das neue Jahr?

1. Raunacht am 25. Dezember –
Die weibliche Kraft und die Mutter

Ausblick für Jänner

Der Mutter – verkörpert durch Maria – wird zu dieser Zeit etwas wenig Bedeutung beigemessen, obwohl sie eine Geburt, eine lange Reise und eine komplizierte Suche nach einer Herberge hinter sich hat. Diese weibliche Mutterkraft erinnert an Mutter Erde. Die Geburt des Lichts und des neuen Lebens wird gefeiert: Unser Leben ist nur durch die Fürsorge, die Liebe und das Sich-bedingungslos-Verschenken von Mutter Erde an uns Menschen möglich.

Nicht vergessen wollen wir auch unsere eigene Mutter, unsere Großmütter und unsere weiblichen Vorfahren. Danken Sie bewusst für das Leben, das Ihnen Ihre Mutter geschenkt hat, für ihre Liebe und ihr Dasein für Sie, so gut es ihr möglich war und ist.

Diese Raunacht ist eingebettet in die Energie des Helfens und Zuhilfekommens. Die Prinzipien der Liebe und Achtsamkeit für jegliche Existenz mögen – nicht nur an diesem Tag – bewusst gelebt werden.

Es braucht mehr Wertschätzung und Dank für Mutter Erde als unsere Lebensgrundlage.

»Es gibt zwei Arten, Gutes zu tun: Geben und Vergeben.«
(Franz von Assisi)

Die Übung für den 25. Dezember
- Nützen Sie diese Raunacht, um zu erkennen, womit Sie sich selbst am besten helfen können.
- Werden Sie um Hilfe gebeten, so erlauben Sie sich die Frage, ob dieser Mensch wirklich hilflos ist oder vielleicht nur den bequemeren Weg wählt. Vielleicht ist für alle Beteiligten ein Nein manchmal hilfreicher und heilsamer?
- Lassen Sie Radio und TV abgeschaltet, lesen Sie heute keine Zeitung und lassen Sie Computer und Handy ruhen. Schreiben Sie nichts auf außer die Erkenntnisse zu dieser Raunacht, machen Sie keine Fotos. Versuchen Sie ganz im Hier und Jetzt zu bleiben. Leben Sie jeden Augenblick, als wäre es Ihr letzter, damit Sie den nächsten wie eine Wiedergeburt feiern können.
- Zünden Sie für Ihre Lieben am Christbaum eine Kerze an und segnen Sie diese.
- Entzünden Sie mit besonderer Liebe weitere Kerzen für die Menschen, mit denen Sie im Streit liegen oder mit denen Sie einen Konflikt zu lösen haben.
- Lassen Sie das Licht der Versöhnung und Vergebung – auch an Sie selbst – Ihr Herz wärmen und spüren Sie den Frieden. Nutzen Sie dazu auch die alte Methode des Räucherns.
- Danken Sie Mutter Erde für ihre Liebe und Fürsorge. Schenken Sie den Wesen der Natur (den unsichtbaren Elementarwesen genauso wie den Tieren) eine süße Kleinigkeit.
- Notieren Sie besondere Gedanken, Gefühle, Begegnungen und Träume in Ihr Raunacht-Tagebuch.
- Welche ist Ihre Essenz dieser Raunacht und Ihr Same für Ihre *Liebe*, den Sie für das neue Jahr setzen?

2. Raunacht am 26. Dezember – Zeit der Gemeinschaft

Ausblick für Februar
Nach der Stille der vorangegangenen Tage geht es am 26. Dezember um das gemeinsame Feiern und Essen. Auch die Percht will daran teilhaben. Stellen Sie ihr und ihrem Gefolge sowie den Wesen der Natur einen Teller mit Gaben vor die Tür, wie dies in alten Zeiten üblich war. Es ist jene Raunacht, in der das Teilen eine große Rolle spielt. Interessanterweise häufen sich ja gerade zu dieser Zeit des Jahres die Spenden- und Hilfsaufrufe. Seien Sie dankbar für all das Gute, das Sie in Ihrem Leben haben. Vielleicht möchten Sie an diesem Tag etwas davon mit jemanden teilen?

Diese Raunacht gibt Ausblick auf den Februar, die Zeit des Faschings und der Bälle. An diesem Tag werden Sie dazu angehalten, all Ihre Masken abzulegen und ungeschminkt in den Spiegel zu blicken. Es ist eine Erinnerung daran, Ihre eigene Wahrheit und Ihre Wahrhaftigkeit zu einem Prinzip Ihres Lebens zu machen und dies zu leben.

»Die Liebe ist das einzige, was wächst, indem wir es verschwenden.« (Ricarda Huch)

Die Übung für den 26. Dezember:
- Welche Samen will ich in meinem Herzen zum Wachsen und Gedeihen bringen?
- Welche Ideen oder Projekte wollen sich entwickeln, die im Februar zu keimen beginnen?
- Gibt es Masken, die ich trage? Kann ich sie fallenlassen?
- Was hindert mich daran, meine Wahrheit zu leben?
- Bin ich ehrlich und authentisch?
- Was kann und möchte ich teilen?
- Notieren Sie besondere Gedanken, Gefühle, Begegnungen und Träume in Ihr Raunacht-Tagebuch.
- Was ist Ihre Essenz dieser Raunacht und Ihr Same für Ihr *Teilen*, den Sie für das neue Jahr setzen?

3. Raunacht am 27. Dezember – Wachstum und das Keimen der neuen Saat

Ausblick für März

Es kommt auf die richtige Mischung aus Licht und Wärme, Dunkelheit und Nässe an, die das Leben und das Keimen der neuen Saat ausmachen. Dies wird schön von einer Geschichte verdeutlicht, die ein Großvater seinem Enkel erzählt. Er berichtet von einem Kampf, der in jedem Menschen tobt:

»In uns Menschen führen zwei Wölfe einen Kampf aus. Einer der Wölfe ist böse. Er ist der Zorn, der Neid, die Eifersucht, die Sorgen, der Schmerz, die Gier, die Arroganz, das Selbstmitleid, die Schuld, die Vorurteile, die Minderwertigkeitsgefühle, die Lügen, der falsche Stolz und das Ego.

Der andere Wolf ist gut. Er ist die Freude, der Friede, die Liebe, die Hoffnung, die Heiterkeit, die Demut, die Güte, das Wohlwollen, die Zuneigung, die Großzügigkeit, die Aufrichtigkeit, das Mitgefühl und der Glaube.«

Der Enkel dachte über die Worte seines Großvaters nach und fragt dann: »Welcher der beiden Wölfe gewinnt?« Der alte Mann lächelt weise und antwortet: »Der, den du fütterst.«

»Der Schlüssel zum Glück liegt in deiner Hand.«

Die Übung für den 27. Dezember:
- Auf welchem Weg bin ich unterwegs?
- Befinde ich mich in einer Sackgasse?
- Welches Ziel gibt es für mich?
- Welche Saat kündigt sich an, die aufgehen soll?
- Gibt es Unkraut in meinem Leben, das ausgezupft werden muss, bevor es meine Ernte schwächt oder vernichtet?
- Notieren Sie besondere Gedanken, Gefühle, Begegnungen und Träume in Ihr Raunacht-Tagebuch.
- Was ist Ihre Essenz dieser Raunacht und Ihr Same für Ihr *Wachstum*, den Sie für das neue Jahr setzen?

»Achte auf deine Gedanken – sie werden zu deinen Worten. Achte auf deine Worte – sie werden zu deinen Taten.« (Talmud)

4. Raunacht am 28. Dezember – Tag der Unschuld

Ausblick für April

Der 28. Dezember ist als Tag der unschuldigen Kinder bekannt. Er steht im Zusammenhang mit dem biblischen Kindermord, als König Herodes alle Erstgeborenen töten ließ, um seinen möglichen Rivalen in Hinblick auf die Stellung des Königs der Juden auszulöschen.

Heute gibt es in ländlichen Gegenden noch den Brauch, dass an diesem Tag Kinder die Erwachsenen mit Reisig abklopfen. Das »Klopfen« der Erwachsenen durch Kinder bringt Segen und spielt eine große Rolle in dieser Raunacht. Früher wurden auch die Felder geklopft, um ein Aufgehen der Saat zu verbessern.

Im April kommen Natur und Vegetation richtig in Fahrt – dazu braucht es oft Wetterkapriolen, um das richtige Zusammenspiel von Hell und Dunkel, Warm und Kalt sowie Nass und Trocken zu finden. Es sind oft diese Gegensätze, die uns unsere Lebendigkeit spüren lassen.

Der 28. Dezember erinnert uns daran, dass wir alle unschuldige Kinder und gleichzeitig schuldhafte Wesen sind, die in ihrem Sehnen und Streben nach Perfektion und Vollendung immer wieder Fehler machen und trotzdem – oder vielleicht gerade deshalb – in ihrer Entwicklung voranschreiten.

Diese Raunacht ist eine *Wandlungsnacht*: Alles, was in den vorangegangenen Raunächten unerledigt oder unausgesprochen blieb, kann in dieser Raunacht wiedergutgemacht, aufgelöst und bereinigt werden.

»Frisch und g'sund, frisch und g'sund, gern geben, lang leben!« (Spruch der unschuldigen Kinder)

Die Übung für den 28. Dezember:
- Was gibt es zu vergeben?
- Wem möchten Sie vergeben? Vergeben Sie sich selbst Ihre eigenen Fehler und Unzulänglichkeiten. Mit der Kraft der Vergebung können Sie die Weichen für die Zukunft neu stellen.
- *Wandlungsnacht*: Besonders günstiger Zeitpunkt für Räucherungen.
- Notieren Sie besondere Gedanken, Gefühle, Begegnungen und Träume in Ihr Raunacht-Tagebuch.
- Was ist Ihre Essenz dieser Raunacht und Ihr Same für Ihre *Unschuld*, den Sie für das neue Jahr setzen?

5. Raunacht am 29. Dezember – Abschiedsschmerz und Heimat

Ausblick für Mai

In dieser Raunacht stehen zwei Aspekte im Vordergrund. Zum einen ist dies Verlust und Schmerz: Das alte Jahr neigt sich dem Ende zu, was mit Wehmut, Schwere, Angst und Schmerz verbunden sein kann. Das Neue ist noch nicht greifbar, was zu Angst oder Verwirrung führen kann. In unserer Zeit fehlt es oft an Raum und Zeit für Trauer und Schmerz. Solche Gefühle werden abgekapselt und tief im Inneren verschüttet. Es sind oft Krankheit oder Depression, über die sich diese verdrängten Emotionen ihren Weg zurück ins Leben suchen.

Der 29. Dezember ist der Zeitpunkt, sich ungelebter Trauer oder Schmerz zuzuwenden. Nehmen Sie sich die Zeit, Gefühlen wie Trauer, Wut oder Schmerz nachzuspüren, sie hinauszuschreien oder hinauszuweinen. Geben Sie diesen Gefühlen Raum zur Heilung. Die gewonnene innere Leere bietet Raum für Neues.

Nur wer Altes loslässt, öffnet die Tür für Neues.

Abschied tut weh. Zu jedem Verlust gehört aber auch untrennbar ein Gewinn. Loslassen des Alten und die Entscheidung für das Neue in Ihrem Leben sind der Weg zurück zu Lebendigkeit und Lebensfreude. Freuen Sie sich auf die neuen Impulse, die in Ihr Leben wollen.

Der zweite Aspekt, der mit dem 29. Dezember verbunden ist, ist Heimat. Letztlich geht es im Leben darum, die Heimat in sich selbst zu finden. Achten Sie in dieser Raunacht besonders auf diesen Aspekt. Es ist der Same für den Wonnemonat Mai und das weitere Leben.

»Jede Reise beginnt mit dem ersten Schritt.«
(Laotse)

Die Übung für den 29. Dezember:

Abschied
- Verabschieden Sie an diesem Tag Schmerz, Wut, Trauer oder andere unterdrückte Gefühle und öffnen Sie so Ihren inneren Raum für das Neue.
- Betten Sie dieses Loslassen in ein Ritual ein: Schreiben Sie alles, das Sie loszulassen bereit sind, auf einen Zettel. In Liebe und Dankbarkeit übergeben Sie diesen dann dem Feuer oder einem anderen der vier Elemente: der Erde, dem Wasser oder der Luft.
- Wenden Sie sich in Liebe Ihrem Zuhause zu. Gibt es noch Ballast oder Altlasten zu verabschieden? Betrachten Sie dazu die physische und auch die energetische Ebene.
- Räuchern ist in dieser Raunacht eine großartige Unterstützung.

Heimat
- Fragen Sie sich, wo, womit und auch mit wem Sie sich zu Hause fühlen.
- Wenden Sie sich in Liebe Ihrem Zuhause zu. Schmücken und gestalten Sie Ihr Heim liebevoll.
- Achten und danken Sie auch sich selbst – Sie bieten das Zuhause für Ihre Seele.
- Notieren Sie besondere Gedanken, Gefühle, Begegnungen und Träume in Ihr Raunacht-Tagebuch.
- Was ist Ihre Essenz dieser Raunacht und Ihr Same für Ihre *neuen Schritte*, die Sie im neuen Jahr setzen wollen?

6. Raunacht am 30. Dezember – Das Beenden und Umkehren

Ausblick für Juni

Der Juni ist der Monat des Beendens. Das Schuljahr findet sein Ende, es laufen die Vorbereitungen auf die Urlaubszeit und die Sommerpause naht. Auch das Sonnenjahr erreicht mit der Sommersonnenwende einen Wendepunkt. Diese Raunacht eignet sich hervorragend für den Abschluss noch offener Projekte. Alles, was dem aktuellen Jahr angehört und nicht ins neue Jahr mitgenommen werden möchte, kann am 30. Dezember noch zu einem Ende gebracht werden.

Geben Sie an diesem Tag Geborgtes zurück, begleichen Sie Ihre Schulden, entsorgen Sie Ballast und Müll. Vergeben Sie denen, über die Sie sich ärgern. Öffnen Sie sich selbst und Ihre Räume bewusst für das Neue. Die Energie dieser Raunacht steht stark im Rhythmus der ewigen Spirale des Lebens: die Fülle, der Tod, die Auferstehung und Wiedergeburt des Lebens auf der nächsthöheren Ebene.

Veränderung ist das einzig Beständige im Leben.

»Willst du die Welt verändern, gehe zuerst dreimal durch dein eigenes Haus.« (aus China)

Die Übung für den 30. Dezember:
- Schließen Sie noch offene Projekte ab und erledigen Sie offene Punkte auf Ihrer Liste.
- Zelebrieren Sie diese Raunacht mit einer ruhigen Stunde. Lassen Sie dabei Ihre Gedanken schweifen und Ihren Gefühlen freien Lauf. Notieren Sie alles, was Sie an Altlasten und Ballast zu Silvester endgültig loslassen möchten.
- Notieren Sie besondere Gedanken, Gefühle, Begegnungen und Träume in Ihr Raunacht-Tagebuch.
- Was ist Ihre Essenz dieser Raunacht und Ihr Same für Ihre *Umkehr*, den Sie für das neue Jahr setzen?

7. Raunacht am 31. Dezember – Das Nichts

Ausblick für Juli

In dieser Raunacht und dem zugehörigen Monat geht es endlich einmal um das Nichtstun. Die Raunächte generell sind die Zeit der Entschleunigung. Nehmen Sie sich wirklich Zeit und erlauben Sie sich, bewusst die Langsamkeit zu erleben. Spüren Sie die Qualität, die in der Langeweile liegt. Nutzen Sie den Tag zur bewussten Entschleunigung. Machen Sie heute »Urlaub« von Hektik und Stress. Genießen Sie den letzten Tag dieses Jahres in Achtsamkeit und Dankbarkeit.

»Zeit, die wir uns nehmen, ist Zeit, die uns etwas gibt.«
(Ernst Ferstl)

Die Übung für den 31. Dezember:
- Machen Sie einen Spaziergang, gehen Sie bewusst langsam, achten Sie auf Ihre Schritte, Ihren Atem, Ihre Gedanken und Gefühle. Lassen Sie sich dabei von ungeahnten Erlebnissen, Einsichten und Ausblicken überraschen.
- Lassen Sie die Dinge sein, wie sie sind und genießen Sie die Ruhe und Zufriedenheit.
- Notieren Sie besondere Gedanken, Gefühle, Begegnungen und Träume in Ihr Raunacht-Tagebuch.
- Was ist Ihre Essenz dieser Raunacht und Ihr Same für Ihr *Nichts*, den Sie für das neue Jahr setzen?

8. Raunacht am 1. Jänner – Die Willenskraft

Ausblick für August

Diese Raunacht lädt dazu ein, sich mit dem eigenen Wollen zu beschäftigen. Dabei geht es nicht darum zu erforschen, was Sie sich an Erfahrungen und Fähigkeiten aneignen oder was Sie bekommen und was Sie sich nehmen möchten. Diese Frage zu beantworten fällt meist nicht allzu schwer. Vielmehr möge man sich an diesem Tag die Frage stellen, welchen eigenen Beitrag Sie leisten möchten, um die Welt ein Stück schöner und lebenswerter zu machen.

»Achte auf deine Taten – sie werden zu deinem Charakter. Achte auf deinen Charakter – er wird zu deinem Schicksal.« (Talmud)

»Um ernten und nehmen zu dürfen, sind die Aussaat und das Geben Voraussetzung.«

HANDELN UND VERÄNDERN

Die Übung für den 1. Jänner:
- Welche Ziele wollen Sie erreichen?
- Welche Wünsche möchten Sie sich erfüllen?
- Was können und möchten Sie dazu beitragen, damit die Welt ein besserer Ort wird?
- Was kann Ihr Beitrag zum großen Ganzen sein? Was ist Ihr Geschenk ans Universum, ans Leben und an die Menschen?
- In welchem Rahmen können und möchten Sie etwas tun? Was brauchen Sie dazu?
- Sind Geben und Nehmen in Balance in Ihrem Leben?
- Nutzen Sie an diesem Tag auch die Methode des Räucherns als Unterstützung.
- Notieren Sie besondere Gedanken, Gefühle, Begegnungen und Träume in Ihr Raunacht-Tagebuch.
- Was ist Ihre Essenz dieser Raunacht und Ihr Same für Ihre *Ernte*, den Sie für das neue Jahr setzen?

9. Raunacht am 2. Jänner – Licht und Schatten

Ausblick für September

Wieder einmal stehen Hell und Dunkel, Licht und Schatten in ihrem Zusammenspiel in dieser Raunacht im Mittelpunkt. Hell und Dunkel sind die beiden Seiten der Medaille, von denen eine die andere bedingt. Dieses ewige Gesetz der sich ergänzenden Gegensätze gilt für alles irdische Leben auf unserem Planeten der Polarität.

So steht dieser Tag auch für das irdische Leben mit all seinen Möglichkeiten, für die Materie und für Mutter Erde. Diese Raunacht lädt ein, sich der eigenen ungeliebten Seiten seines Selbst bewusst zu werden. Erkennen Sie diese als ergänzende Qualitäten Ihres Lebens und nehmen Sie sie in Liebe an. Die 9. Raunacht unterstützt in hohem Maß das Schärfen der Intuition und Sensibilität. Sie gibt Ihnen die Kraft und den Mut, in die eigenen Tiefen zu blicken und durch die eigenen Schattenaspekte den Weg zum Licht zu finden.

»Alles Leben beginnt in der Dunkelheit.«

Die Übung für den 2. Jänner:
- Heute üben Sie, sich in Ihrer Ganzheit mit allen Licht- und Schattenseiten anzunehmen.
- Welche Visionen wollen Sie für September entwickeln und in Ihr Leben integrieren?
- Notieren Sie besondere Gedanken, Gefühle, Begegnungen und Träume in Ihr Raunacht-Tagebuch.
- Was ist Ihre Essenz dieser Raunacht und Ihr Same für Ihr *Licht* und Ihren *Schatten*, den Sie für das neue Jahr setzen?

10. Raunacht am 3. Jänner – Dankbarkeit

Ausblick für Oktober
Für Kinder ist alles Leben voller Wunder. Mit jeder Faser widmen sie sich der Entdeckung des Lebens und seiner Überraschungen. Die 10. Raunacht ruft die Erinnerung an Ihr eigenes inneres Kind wach. Die Energie dieser Raunacht lädt ein, mit den kindlichen und staunenden Augen Ihres inneren Kindes und dessen wertfreien Blick die Welt wieder zu entdecken. Verbinden Sie sich an diesem Tag bewusst mit Ihrem inneren Kind. Verwehren Sie bewusst Angstmachern und Miesepetern die Gelegenheit, Ihr Handeln, Ihr Denken und Ihr Fühlen einzuengen.

Diese Raunacht steht für Chancen: für Sie persönlich, aber auch für die Systeme, in denen Sie sich bewegen und in denen Sie leben. Nutzen Sie diese Chance für ein Leben in Vertrauen und Frieden. Mögen Sie über die Wunder des Lebens wieder staunen wie die Kinder!

»Wer das Staunen und Wundern verlernt hat, lernt keine Wunder kennen.« (Ernst Ferstl)

Die Übung für den 3. Jänner:
- Kann ich die Welt mit staunenden Kinderaugen betrachten?
- Bin ich unbeschwert? Was ist es, das mich belastet?
- Betrachten Sie wertfrei die Systeme, in die Sie eingebettet sind: Familie, Gesellschaft, Team, Freundeskreis, Unternehmen, Projekte: Welches Problem verlangt nach einer Lösung?
- Welche Chance verbirgt sich dahinter? Nehmen Sie sich an diesem Tag Zeit für ein (!) Thema und widmen Sie sich diesem mit voller Achtsamkeit und Aufmerksamkeit. Seien Sie dankbar für die gewonnenen Einblicke. Gehen Sie achtsam, respektvoll und liebevoll mit sich selbst und auch allen Beteiligten um.

- Notieren Sie besondere Gedanken, Gefühle, Begegnungen und Träume in Ihr Raunacht-Tagebuch.
- Was ist Ihre Essenz dieser Raunacht und Ihr Same für Ihre *Dankbarkeit*, den Sie für das neue Jahr setzen?

11. Raunacht am 4. Jänner – Der Blick hinter den Schleier

Ausblick für November

Diese Raunacht unterstützt mystische Erfahrungen und lässt einen Blick hinter den Schleier des Offensichtlichen oder Gewohnten zu. Die Qualität dieser Raunacht fordert auf, aktiv zu werden. Verlassen Sie an diesem Tag Ihre Normen, Gewohnheiten und Routinen oder stellen Sie diese in Frage. Treffen Sie heute Entscheidungen und übernehmen Sie bewusst die Verantwortung dafür. Seien Sie mutig und vertrauen Sie Ihrer Intuition. Es ist ein günstiger Tag, um Ihr Denken zu sortieren, Ideen neu zu ordnen und Pläne zu erstellen. So manches lässt sich aus einem anderen Blickwinkel »unverschleiert« wahrnehmen und erkennen. Neuordnungen sind in dieser Tagesqualität leicht möglich.

»Finde den Ort in dir, an dem nichts unmöglich ist.«

Die Übung für den 4. Jänner:

- Diese Raunacht fordert Sie zum Handeln auf: Gehen Sie auf andere zu. Nehmen Sie Kontakt auf. Seien Sie bereit für das Neue, die Dynamik und Bewegung, die aus Ihren Begegnungen entstehen.
- Gehen Sie an diesem Tag wach und mit offenen Augen durch den Tag. Nehmen Sie sich selbst, Ihr Umfeld und Ihre Begegnungen bewusst wahr. Bleiben Sie dabei achtsam.
- Vielleicht möchten Sie einige der Tätigkeiten Ihrer Routine heute ändern? Probieren Sie etwas Neues aus: ein neues Haarstyling, neue Gewürze zum Kochen oder einen neuen Weg in die Arbeit.
- Notieren Sie besondere Gedanken, Gefühle, Begegnungen und Träume in Ihr Raunacht-Tagebuch.
- Was ist Ihre Essenz dieser Raunacht und Ihr Same für Ihre *Einsicht*, den Sie für das neue Jahr setzen?

12. Raunacht am 5. Jänner – Die Wandlung

Ausblick für Dezember

Die Zeit der Ruhe und des Innehaltens ist nun fast vorbei. Am 5. Jänner feiern wir nach einer hoffentlich erkenntnisreichen und heilsamen Zeit der Stille die letzte Raunacht. Sie hat als Wandlungsnacht wieder eine ganz besondere Kraft, bevor sich die Schleier nach dieser mystischen Zeit wieder verdichten: Alles, was in den vorangegangenen Raunächten noch unerledigt oder auch unausgesprochen blieb, kann in dieser Raunacht noch gutgemacht, aufgelöst und bereinigt werden. Diese Nacht ist auch der Percht und ihrem Gefolge geweiht. Den alten Bräuchen gemäß darf die Percht gebeten werden, all diese Reste aus den Raunächten mit sich zu nehmen. Für diese Hilfe gebührt ihr Dank.

Dankbarkeit für alles was war, was ist und alles, was daraus entstehen mag.

Nutzen Sie diese Gelegenheit der Wandlung, denn der Same für das neue Jahr ist nun mit dieser Raunacht gelegt. Mögen Ihre Samen Ihnen eine glückliche und heilsame Ernte im neuen Jahr schenken.

»Auch aus Steinen, die einem in den Weg gelegt werden, kann man etwas Schönes bauen.« (J. W. von Goethe)

Die Übung für den 5. Jänner:
- Blicken Sie in dieser Raunacht auf die Erfahrungen und Erlebnisse der vorangegangenen Raunächte.
- Nehmen Sie sich die Zeit, diese Samen bewusst als Essenz des neuen Jahres auszusäen.
- Nutzen Sie als Unterstützung für diese Wandlungsnacht die Methode des Räucherns.
- Notieren Sie besondere Gedanken, Gefühle, Begegnungen und Träume in Ihr Raunacht-Tagebuch.
- Was ist Ihre Essenz dieser Raunacht und Ihr Same für Ihre *Wandlung*, den Sie für das neue Jahr setzen?

Ausblick für das Neue

Neubeginn nach den Raunächten
Nun sind alle zwölf Raunächte vollendet und die Schleier legen sich wieder dichter zwischen die sichtbare und unsichtbare Welt. Die Zwölf steht symbolisch für den Lebensweg mit all seinen Prüfungen und Hindernissen. Sie steht auch für die umfassende und bedingungslose Liebe und Hingabe an das Sein. Verbunden mit diesen Kräften möge es Ihnen gelingen, Ihren eigenen Weg vertrauensvoll in Leichtigkeit und Freude zu gehen.

Ihre Einsichten und Ausblicke aus den Raunächten:
- Notieren Sie in Ihr Raunacht-Tagebuch Ideen, Projekte und Vorhaben für das neue Jahr.
- Notieren Sie in Ihr Raunacht-Tagebuch, was Sie sich für Ihre Gesundheit und Ihr Glücklichsein vornehmen.
- Was ist Ihre Essenz aus der Zeit der Raunächte und Ihr Same für Ihren *Neubeginn*?

Loslassen und Verändern – Rituale im Jahreskreis

Die Raunächte sind ein sehr spezieller und mystischer Zeitraum im Jahreskreis. Dieser Kreis möge sich nach Ablauf eines Jahres sanft schließen, damit sich ein neuer Zyklus auf einer **höheren Ebene des Seins** öffnet. So lade ich Sie in den letzten Kapiteln des Buches ein, auch während des Jahreskreises Ihren Rhythmus zu finden und mit Ritualen bewusst Ihren Raum und Ihre Zeit zu gestalten.

Nutzen Sie zu den Jahreskreisfesten – oder wann immer Ihre innere Stimme es Ihnen zuflüstert – Rituale. Nachfolgend finden Sie eine Auswahl an Raum- und Räucherritualen, die Ihnen das ganze Jahr hindurch begleitend zur Seite stehen. Nutzen Sie diese Rituale als Ihre Reisebegleiter durch das Jahr hin zu Ihrem Aufgeräumt- und Befreitsein.

Das Zeitverständnis der alten Zeit, der keltische Jahreskreis, lässt Raum und Zeit eingebunden in den Wandel der Natur erleben. Alles Leben richtet sich nach den universellen Gesetzen der Natur. Das Verständnis für diesen Jahreskreis stärkt auch das Verständnis für das Leben. Denn alles erfüllt diesen Gesetzen entsprechend seine Funktion und alles hat seinen richtigen Platz und seine Zeit – auch in Ihrem Leben.

Die Kraft von Ritualen verbindet uns Menschen wieder stärker mit den Rhythmen des Lebens. In Ritualen zelebrieren und erleben wir die Kraft des Jahreskreises. Rituale bringen uns vom Gestern und Morgen zurück ins Heute. Sie lassen uns innehalten –

wahrnehmen – und weitergehen. Die Zeit, die uns gegeben ist, wird bewusst gelebt und als Geschenk erkannt.

Die hohen Mond- und Sonnenfeiertage des Jahreskreises geben den Rahmen und das Grundgerüst für das Jahr vor. Zu den acht Feiertagen im Jahreskreis finden Sie hier Anregungen für das Gestalten von Ritualen:

- Nutzen Sie die Raumrituale für die sichtbare Ebene und die Räucherrituale für die feinstoffliche Ebene.
- Beginnen und beenden Sie jedes Ritual achtsam und in Dankbarkeit. Folgen Sie Ihrer Intuition, welches Ritual das für Sie passende ist, um aufgeräumt und befreit Ihr Sein zu feiern.
- Bereiten Sie Ihr Ritual stets liebevoll vor und nehmen Sie sich ausreichend Zeit dafür. Erwarten Sie nichts, sondern lassen Sie sich mit kindlicher Neugier und Freude darauf ein.
- Fühlen Sie sich auch ermutigt, eigene Rituale zu finden, wenn Ihre innere Stimme Ihnen dies zuflüstert. Seien Sie kreativ und neugierig auf Ihrem Weg durch Ihr Jahr!

Die Raum- und Räucherrituale für die Tagundnachtgleiche sind an beiden Tagundnachtgleichen im Herbst und im Frühling gleichermaßen anwendbar.

Herbst-Tagundnachtgleiche am 21. September

Rückzug in das Gehäuse

Die Tagundnachtgleiche des Frühlings und auch des Herbstes sind Schwellenfeste. An diesen beiden Tagen im Jahr sind Tag und Nacht gleich lang und somit sind auch Helligkeit und Dunkelheit in völliger Balance. Wir befinden uns jeweils an einer Schwelle zu einem neuen (Zeit)Raum. An jeder Schwelle geht es darum, mit dem »richtigen Fuß« überzutreten und auf die Reise in die kommende Zeit und den neuen Raum zu schreiten. Jede Schwelle lässt etwas Vergangenes abschließen und öffnet Raum für das Neue. Da es Altes hinter uns zu lassen gilt, hat eine Schwelle – sei diese zeitlich oder räumlich – auch immer etwas mit Tod zu tun.

Die Herbst-Tagundnachtgleiche zeigt den Tod mit seiner Kraft der Wiedergeburt. Der Sommer und das helle Halbjahr neigen sich dem Ende zu und wir bewegen uns in die dunkle Jahreshälfte. Das Leben verlagert sich wieder mehr ins Innere unserer Räume. Auch führt uns die kommende Zeit in die Ruhe und Stille. Jetzt ist es somit an der Zeit, das Zuhause und unsere Räume für das Winterhalbjahr vorzubereiten.

Raumritual

Im Raumritual für dieses Schwellenfest achten Sie bitte auf die Schwellen in Ihrem Zuhause: Beginnen Sie bei Ihrer Eingangstür und betrachten Sie auch Ihren Vorraum genau. Welches Bild zeigt sich nach außen? Wie werden Sie an dieser Schwelle begrüßt? Welches Gefühl entsteht bei Ihnen, wenn Sie die Schwelle zu Ihrem Zuhause überschreiten? Zeichnet sich ein schönes, herzöffnendes Bild für Sie? Oder fühlen Sie Enge, Dichte und mangelt es an Beweglichkeit?

Legen Sie Wert darauf, dass Ihr Nach-Hause-Kommen schon an der Eingangstür und im Vorraum mit den besten Energien und Bildern begleitet wird, die Sie schaffen können. Denn die Essenz aller nachfolgenden Räume Ihres Zuhauses liegt im Vorraum als die Visitenkarte Ihres Zuhauses!

Beachten Sie auch die Übergänge von den einzelnen Wohnbereichen, wie sich diese für Sie anfühlen. Achten Sie genau auf die Türen in Ihrem Zuhause: Lassen sich alle Türen gut öffnen? Oder sind Ihre räumlichen Schwellen und Übergänge durch zu viele Elemente, die an den Türen hängen, eingeschränkt?

Prüfen Sie, ob Ihre Schwellen und Türen nach innen und außen einladend sind. Nutzen Sie diesen Tag dazu, Ihre Türen und Schwellen zu reinigen, zu reparieren und von unnötigem Ballast zu entlasten. Türen und Schwellen stehen sinnbildlich für Türen, die sich in Ihrem Leben für Sie öffnen. Dies möge in Leichtigkeit und ohne Ballast erfolgen können.

Räucherritual

In der Sommerjahreshälfte spielt sich ein großer Teil des Lebens im Freien ab und das Zuhause rückt unweigerlich aus dem Blickwinkel. Mit dem Räucherritual wollen wir unser Zuhause aus dem »Sommerschlaf« aufwecken. Bereiten Sie Ihr Räucherritual in der gefühlten Mitte Ihrer Wohnung vor. Legen sie den Fokus auf den Schutz, den Ihr Heim Ihnen bietet. Nehmen Sie das Zuhause als Ihre dritte Haut wieder bewusst in sich auf. Achten Sie beim Räuchern auf gefühlte Enge und Weite in Ihrem Zuhause. Seien Sie achtsam, welcher Bereich Ihrer Wohnung besondere Aufmerksamkeit benötigt. Bitten Sie um Schutz und Wärme für die kommende Jahreshälfte.

Besonderes Augenmerk richten Sie nun auf die Schwellen und Türen, die Sie rein äußerlich ja bereits von Ballast befreit haben. Vor allem die Eingangstür verdient besonderes Augenmerk: Dies ist die Schwelle zwischen innen und außen. Sie ist ein wichtiger Schutz und filtert vieles aus, das nicht in Ihren Wohnraum gelangen soll. Widmen Sie sich diesem Portal mit Ihrer ganzen Aufmerksamkeit. Danken Sie für den Schutz und Segen, den diese Schwelle Ihnen bietet.

Beenden Sie das Räucherritual, wenn Sie das Gefühl haben, dass die Energien Ihrer Wohnung mit Ihnen im Gleichklang sind.

> Wenn die Tage wieder kürzer werden, bereiten Sie Ihr Zuhause liebevoll für die dunkle Jahreshälfte vor.

Samhain am 1. November

Verbindung mit den Ahnen und unseren Wurzeln/Element Erde

Dieser Tag ist der keltische Jahreswechsel und wir feiern den Übergang des Alten zum Neuen. Das alte Jahr wird auf der nächsthöheren Stufe wiedergeboren, und ein neuer Zyklus beginnt sich in der Dunkelheit zu entfalten. An diesem Mondfeiertag heben sich die Schleier zur Anderswelt unserer Ahnen. Unsere Ahnen bleiben immer unsere Wurzeln, weshalb dieser Tag stark mit Erinnerung und Gedenken zu tun hat.

Raumritual

Wie Sie aus der Bestandsaufnahme Ihres Aufräumprogramms wissen, ist das Loslassen von Dingen mit emotionaler Prägung am schwierigsten. Die Energie von Samhain unterstützt sehr gut diesen Prozess, da dieses Kraftfeld einen Blick hinter die Dinge zulässt. Denn es ist nicht immer alles so, wie es sich mit den Augen erfassen lässt. So wie Antoine de Saint-Exupéry den kleinen Prinzen sagen lässt: »Das Wesentliche ist für die Augen unsichtbar.«

Durchforsten Sie heute Ihre Fotos, Erbstücke oder Erinnerungsstücke. Überfordern Sie sich bitte nicht damit, sondern wählen Sie gegebenenfalls ein Stück sinnbildlich für das Ganze. Achten Sie auf Ihre Gefühle und seien Sie ehrlich mit sich selbst:

- Was tut mir gut?
- Was darf und will ich weggeben?
- Wo hat dieser Gegenstand seinen Ehrenplatz in meiner Wohnung? Sollte es dafür keinen geben, stellt sich die Frage: Behalte ich die Erinnerung und darf der damit verbundene Gegenstand vielleicht das Zuhause verlassen?

Bleiben Sie während des Rituals in einer dankbaren und liebevollen Haltung.

Räucherritual

In diesem Räucherritual verbinden Sie sich bewusst mit Ihren Ahnen und Ihren Wurzeln. Dieses Räucherritual ist weiter und offener gestaltet und umfasst nicht nur Ihre Räume. Folgen Sie Ihrer Intuition und leben Sie Ihre Dankbarkeit für Ihre Wurzeln und Ahnen. Spüren Sie die Standfestigkeit und Geborgenheit innerhalb Ihres Zuhauses. Achten Sie auf die Gefühle für Ihr Eingebundensein in die Familie oder in Ihren Freundeskreis. Nehmen Sie Ihren Körper als Ihr Zuhause in die Wahrnehmung mit und danken Sie auch ihm. Vielleicht ist es auch an der Zeit, zu vergeben oder um Vergebung zu bitten. Nutzen Sie die Kraft dieses Rituals für Ihren Dank an alles, was war, was ist und was kommen mag.

Wintersonnenwende am 21. Dezember

Beginn der Raunächte und die Rückkehr des Lichts

Ergänzend zu den Anregungen für das bewusste Erleben der Raunächte finden Sie hier noch ein weiteres Ritual für diese mystische Zeit.

Raunachtritual

Schreiben Sie 13 Herzenswünsche für das kommende Jahr auf jeweils einen Zettel und falten Sie diese mit der Schrift nach innen zusammen. Geben Sie alle Zettel in ein Gefäß. An jedem Raunachtabend ziehen Sie einen Zettel und übergeben den Wunsch – ohne ihn zu lesen – dem Feuer und dem Universum. Achten Sie auf Ihre Gefühle, die beim Verbrennen entstehen. Bitten Sie aus der Kraft Ihres Herzens darum, dass sich dieser Wunsch, Ihrem höchsten Wohl entsprechend, erfüllen möge.

Am Ende der Raunächte bleibt nun ein Wunsch übrig. Bevor Sie diesen lesen, versprechen Sie, sich im Lauf des kommenden Jahres selbst um die Erfüllung dieses Wunsches zu kümmern.

Achten Sie darauf, dass die Wünsche positiv formuliert und auch erfüllbar sind – denn es kann ja jeder Ihrer 13 Wünsche am Ende der Raunächte derjenige sein, der in Ihre Verantwortung übergeht.

Räucherritual

Zünden Sie zu Beginn Ihres Rituals eine Kerze ganz bewusst an und nehmen Sie dieses Licht auf Ihrem Räucherdurchgang in alle Räume Ihres Zuhauses mit. Senden Sie in Ihrem Räucherritual bewusst Ihr Licht und Ihre Dankbarkeit an alle Energien, die sich im Zuge des Räucherrituals aus Ihrem Zuhause lösen durften. Verwenden Sie besonders lichtvolle Räucherwerke, um gezielt Licht und Helligkeit in Ihre Räume zu bringen. Segnen Sie Ihre Räume und alle Menschen, die darin leben.

Mehr zum Thema Wintersonnenwende lesen Sie auf Seite 79.

Imbolc am 1. Februar

Das Erwachen und Neubeginn/Element Wasser

Eng verbunden mit diesem Mondfeiertag ist der Aspekt der Reinigung. Mit der körperlichen, seelischen und auch der räumlichen Reinigung geht der Neubeginn und das Wachstum der Samen einher, die im Herbst geerntet werden wollen. Altes abzulösen und aufzulösen, um den Raum für das Neue zu öffnen, steht an diesem Tag im Mittelpunkt.

Reinigungsritual

Es ist der ideale Zeitpunkt, sich an den Frühjahrsputz zu machen. Nehmen Sie sich ausreichend Zeit und befreien Sie Raum für Raum von Schwere und Staub des Winters. Verwenden Sie wohlriechende Essenzen und Öle für Ihr Putzwasser, polieren Sie Ihre Holzmöbel mit Bienenwachs und erfreuen Sie sich am frischen Geruch und Glanz in Ihrem Zuhause. Verabschieden Sie sich in Liebe und Dankbarkeit von allem Alten, das Ihnen während der dunklen Winterzeit Schutz und Geborgenheit gegeben hat.

Raumritual

Erschaffen Sie in Ihren Räumen das Gefühl des Wandels und des Erwachens nach dem Winterschlaf. Dazu bewegen Sie bewusst 27 Dinge und verändern so das gewohnte Erscheinungsbild Ihres Zuhauses. Dekorieren Sie ein Regal um, tauschen Bilder in Rahmen aus oder beziehen Sie Zierpölster neu. Mit Bedacht vorgenommene Änderungen schaffen in Ihrem Zuhause schnell und effizient eine neue Wohlfühlatmosphäre.

Räucherritual

Natürlich darf neben der physischen Reinigung Ihres Zuhauses das Ordnen und Reinigen der feinstofflichen Dimensionen Ihres Heims nicht fehlen. Gestalten Sie die Mitte Ihres Räucherrituals besonders bunt und lebendig. Vielleicht finden Sie sogar schon ein paar erste Frühlingsblumen, mit denen Sie die Kraft dieser Zeit in Ihre Mitte stellen. Wenn Sie möchten, nutzen Sie zu Imbolc die Kraft des Eies als Symbol für Wachstum. Hierfür benötigen Sie ein frisches Ei, eine kleine Glasschale mit Wasser und ein wenig Papier von einer Küchenrolle.

In der Mitte Ihres Rituals stellen Sie die Schale mit klarem Wasser bereit und segnen dieses gemeinsam mit dem Ei. Das Ei als Symbol des Lebens reicht weit in die vorchristliche Zeit zurück. Heute kennen wir diese Kraft noch als Osterei. Ebenso ist das Wasser Symbol des Lebens und des gesunden Wachstums.

Mit Beginn der Reinigungszeremonie gehen Sie nun mit dem Ei in der Hand durch alle Räume und bitten darum, dass das Ei alle alten und verbrauchten Energien aufnehmen möge. Nehmen Sie sich dazu ausreichend Zeit und bleiben Sie mit Ihrer Aufmerksamkeit beim Ei. Wenn Sie alle Räume und Ecken mit dem Ei »ausgeleuchtet« haben, kehren Sie damit in die Mitte Ihres Rituals zurück und segnen das Ei in Liebe und Dankbarkeit. Halten Sie es so lange in Ihren Händen, bis Sie den Impuls für den nächsten Schritt spüren.

Dazu wenden Sie sich Ihrer Wasserschale zu und schlagen das Ei auf. Dies ist Ihre symbolische Handlung für das Aufbrechen der alten Struktur und Energien. Lassen Sie das Innere des Eies liebevoll in das Wasser gleiten. Mit dem Küchenpapier tupfen Sie vorsichtig die Eierschale trocken. Die trockene Schale mörsern Sie gemeinsam mit dem Räucherwerk Ihrer Wahl auf und legen diese Mischung für den ersten Durchgang Ihrer Räucherung auf die Kohle. So lösen Sie intensiv und bewusst in Ihrem Räucherritual die alten Energien und Kräfte des Winters aus dem Energie-

Eine tiefgehende Reinigung bringt frische Kraft und Lebensfreude – verabschieden Sie die Winterschwere aus Ihrem Zuhause.

RITUALE IM JAHRESKREIS

feld Ihres Zuhauses ab und auf. Führen Sie anschließend das Räucherritual mit dem zweiten Schritt durch, wie Sie es bereits kennen. Bevor Sie das Ritual mit dem dritten Räucherdurchgang abschließen, bringen Sie das Wasser mit dem Ei in den Transformationskreislauf zurück. Wenn möglich, übergeben Sie das Ei mit dem Wasser einem fließenden Gewässer in Ihrer unmittelbaren Nähe. Sollte dies schwierig durchzuführen sein, dürfen Sie das Ei ausnahmsweise auch in liebevoller und dankbarer Haltung in den Kanal einfließen lassen.

Diese Energien sollen Ihr Zuhause auch verlassen. Somit ist es nicht ideal, das Ei am eigenen Grundstück zu belassen. Wählen Sie die Übergabe Ihres Eies in den Kreislauf der Elemente bitte mit verantwortungsvoller Achtsamkeit. Beenden Sie Ihr Reinigungsritual wie gewohnt in Liebe und in Dankbarkeit und freuen Sie sich auf alle frischen und neuen Impulse für Ihr Zuhause.

Frühlings-Tagundnachtgleiche am 21. März

Auferstehung und Erneuerung/im Gleichgewicht sein
Spätestens jetzt ist der Zeitpunkt gekommen, sich vom Winterspeck zu verabschieden. Die Tagundnachtgleichen sind als Schwellenfeste immer mit Tod und Transformation verbunden. Im Frühjahr steht dem Tod der Aspekt der Auferstehung zur Seite: Die Spirale des Lebens dreht sich somit immer weiter hin zum neuen Leben. Natürlich wollen wir auch jetzt mit dem »richtigen Fuß« und befreit über die Schwelle treten und mögliches Ungleichgewicht zurück in die Balance führen.

Die Raum- und Räucherrituale für die Tagundnachtgleiche sind an beiden Tagundnachtgleichen im Herbst und im Frühling gleichermaßen anwendbar.

Raumritual
An diesem Tag schenken wir unserer Garderobe unsere Aufmerksamkeit. Mit dem Wechsel der Jahreszeiten steht auch der alljährliche Garderobenwechsel von Winter- zur Sommerkleidung an. Diesen Moment machen wir uns für das Loslassen und Entrümpeln von altem, farblos und unpassend gewordenen Kleidungsstücken zunutze: Dazu bedienen wir uns wieder der Methode von Aufräumcoach Marie Kondo für das Raumritual. Bringen Sie sämtliche Kleidungsstücke, die Sie besitzen, an einem Platz in Ihrem Zuhause zusammen. Von der Unterwäsche bis zum Übergangsmantel stapeln Sie *alles* auf einen großen Haufen.

Bevor Sie ans Tun gehen, halten Sie inne und nehmen Sie wahr: Lassen Sie auf sich wirken, wie viel Kleidung Sie besitzen. Wie viel davon Sie wirklich brauchen und mögen, finden Sie heute heraus. Nehmen Sie jedes einzelne Kleidungsstück in die Hand und achten Sie auf das Gefühl, das dieses Stück in Ihnen entstehen lässt.

- Ist es ein absolutes Lieblingsstück von Ihnen, behalten Sie es natürlich.
- Finden Sie ein Teil, das Sie nie tragen, weil es zwickt, zu groß oder klein ist, abgetragen ist oder farblich oder vom Muster her nicht zu Ihnen passt? Dann ist es an der Zeit, sich davon zu trennen.

Damit diese neue Ordnung auch anhält, lassen Sie für jedes neue Stück in Ihrer Garderobe ein altes, gleichwertiges Stück gehen.

Achten Sie darauf, dass Ihre Gaben natürlich und biologisch abbaubar sind und vermeiden Sie bitte Verschmutzung – gehen Sie achtsam und liebevoll mit den Plätzen der Natur um.

Nehmen Sie sich bitte selbst so wichtig, dass Sie ausschließlich Lieblingsstücke in Ihren Kasten zurücklegen, in denen Sie sich absolut wohl fühlen. Trennen Sie sich in Dankbarkeit von allen Stücken, die nicht mehr zu Ihnen passen. Verabschieden Sie auch alle Kleider, die Ihnen zu klein geworden sind, auch wenn Sie sich sicher sind, irgendwann wieder zu Ihrer früheren Figur zurückzufinden. Solche Kleidungsstücke verursachen ständig ein schlechtes Gewissen. Sie binden als oberflächliche Illusion an die Vergangenheit und verwässern das liebevolle und starke Sein Ihres heutigen Selbst.

Denken Sie daran: Ihre Kleidung ist Ihre zweite Haut, die Sie umgibt. Sie ist Schutz, aber zugleich auch Ausdruck Ihrer Persönlichkeit und Spiegel Ihres Seins. Genießen Sie nach Abschluss des Raumrituals die Übersicht, Klarheit, Struktur und den Freiraum in Ihrem Schrank.

Räucherritual

Im Räucherritual für die Tagundnachtgleiche des Frühlings liegt der Fokus besonders darauf, mögliches Ungleichgewicht in Balance zu bringen und zugleich kraftvoll neue Energie einzuladen. Die Schwere des Winters ist vorbei und es beginnt das Wachstum ins neue Leben! Legen Sie Ihren Fokus besonders auf die Leichtigkeit des Seins, lassen Sie die Schwere und Dichte in Ihrem Zuhause ziehen. Ins Zentrum Ihres Rituals stellen Sie zur Frühlings-Tagundnachtgleiche bunte Frühlingsblumen. Vielleicht machen Sie vor Ihrem Ritual einen Spaziergang: Atmen Sie dabei bewusst die frische Luft und Energie des Frühlings ein und sammeln für Ihr Ritual einen Strauß frische Wiesenblumen.

Lüften Sie auch nach Ende des Räucherns ganz bewusst. Hier legen Sie den Fokus auf die frische und aktivierende Luft, die in Ihr Zuhause einströmt. Unterstützen Sie dieses Ein- und Aufatmen Ihrer Wohnung mit Ihrer eigenen Atmung. Folgen Sie mit Ihrer Aufmerksamkeit Ihrem Einatmen stärker als dem Ausatmen. Wenn Sie sich gut gestärkt und aufgetankt fühlen, schließen Sie die Fenster und Türen und führen Ihr Ritual in Dankbarkeit und Achtsamkeit zu Ende.

Beltaine am 1. Mai

Wachstum, Fruchtbarkeit und Entfaltung des Seins/ Element Feuer

Wir feiern an diesem Tag das Leben in all seiner Fülle und all seinem Potenzial. Dieser Tag ist *das* Fruchtbarkeitsfest des Jahres schlechthin, aber auch ein Siegesfest: Nun hat der Sommer über den Winter und das Leben über den Tod gesiegt! Mit Beltaine beginnt im keltischen Jahreskreis das Sommerhalbjahr. Das Leben geht von der Innenschau nun wieder eindeutig nach außen. Mit der aufsteigenden Kraft des Lebens öffnen sich – nicht nur im eigenen Zuhause – Türen und Tore für die Fülle und das Leben im Draußen.

Raumritual

An diesem Tag widmen Sie sich dem aktiven Sein und stellen ein Projekt in den Mittelpunkt Ihres Tuns. Erinnern Sie sich noch an die 13 Zettel aus den Raunächten? Haben Sie Ihren 13. Zettel schon gelesen und erfüllt? Wenn nicht, dann ist an diesem Tag der beste Moment, sich dessen zu erinnern und dasjenige Vorhaben, das in Ihrer eigenen Verantwortung liegt, umzusetzen.

Das Element Feuer steht für Umsetzungskraft und Willensstärke. Diese Feuerkraft unterstützt heute bestmöglich das Einlösen Ihres Versprechens aus den Raunächten an Sie selbst.

Räucherritual

Legen Sie bewusst die Kraft des Feuers, die Dynamik und Lebenskraft in den Mittelpunkt Ihres Räucherrituals. Laden Sie alle Energien und Kräfte ein, die Ihre eigene Umsetzungskraft stärken und Ihre innere Sonne zum Strahlen bringen. Öffnen Sie sich bewusst nach außen hin. Sie können dazu eine kleine Gabe für die Naturwesen oder den Hüter des Ortes, an dem Sie zu Hause sind, ins Zentrum Ihres Rituals legen. Dies kann eine Süßigkeit wie Zucker, Obst oder ein paar Kekse sein. Zucker steht für die Süße des Lebens und wird von den unsichtbaren Ebenen des Seins mit dieser Symbolik gut verstanden und gern angenommen.

Probieren Sie Zucker als Symbol für die Süße des Lebens auch in Ihrem Räucherritual und geben Sie ein wenig davon auf Ihre glühende Kohle.

Im Anschluss an Ihr Ritual bringen Sie dieses Geschenk in die Natur. Sie können Ihre Gabe an Ihrem Lieblingsplatz ablegen, oder Sie lassen sich intuitiv zu einem Ort führen, der auf Ihr Geschenk wartet. Mit dem Teilen der Süße des Lebens öffnen Sie sich selbst und Ihr Zuhause für den fruchtbaren Austausch und eine kraftvolle Verbindung mit dem Außen.

Unterstützen Sie Ihr Räucherritual mit kraftvoller Musik: Klatschen, tanzen, singen Sie dazu, verleihen Sie Ihrer Lebendigkeit jegliche Ausdrucksform, die für Sie in diesem Moment passt.

Sommersonnenwende am 21. Juni

Dank- und Freudenfest/im Austausch und in Verbindung sein
In früheren Zeiten wurde auch die Sommersonnenwende mit dem Mittsommerfest zwölf Tage und Nächte lang gefeiert. In der heutigen Zeit werden zur Sommersonnenwende in vielen Gegenden Sonnwendfeuer entzündet. Alles ist jetzt im Überfluss vorhanden, die Natur steht in voller Kraft und Fülle. Die Schale des Lebens fließt über und alles steht im Genuss der Leichtigkeit des Seins, der Freude und des Dankes.

Raumritual
An diesem Tag dürfen wir uns nun unseren Büchern zuwenden. Bücher sind ein Informationsträger für neue Sichtweisen und lassen uns unbekannte Welten erleben und erlesen. Mit all dem in ihnen enthaltenen Wissen prägen und formen sie das Energiefeld unseres Zuhauses in hohem Maß. Sie kennen dies ja schon von Ihrer Kleidung, die wir auch schon nach der Methode von Marie Kondo geordnet haben. Ähnlich verfahren Sie nun mit Ihren Büchern, die sie alle gesammelt auf einen großen Stapel zusammenlegen. Ordnen Sie Ihre Bücher nach Themenkreisen und nehmen Sie jedes einzelne Buch in die Hand.

Welcher Informationsaustausch ist für Sie erfüllend? Gibt es Bücher mit Themen, die Sie belasten? Welche dieser Informationskanäle sind im Lauf der Zeit einseitig geworden oder überholt? Welcher Austausch hat sich für Sie bereits erfüllt?

Schaffen Sie Platz für neue Ideen, Perspektiven und Denkweisen, indem Sie alle Bücher loslassen, die für Sie nicht mehr zeitgemäß oder stärkend sind. Nutzen Sie offene Bücherschränke in Ihrer Umgebung, in die Sie gut erhaltene Bücher weitergeben können. Auch Bibliotheken und gewisse Betreuungseinrichtungen nehmen Sachspenden oft gerne entgegen, sofern ein Wegwerfen für Sie nicht infrage kommt.

Räucherritual

Tauchen Sie nun ganz in die Feuerkraft und das Feiern der Lebensfreude im Außen ein! Wohnen Sie einem Sonnwendfeuer in Ihrer Umgebung bei und feiern Sie das Licht, die Bewegung und den Austausch mit anderen. Gehen Sie bewusst nach Außen und freuen Sie sich auf die Begegnungen und Möglichkeiten, die dieses Mittsommerfest für Sie bereithält. Nehmen Sie ein wenig Räucherwerk mit und übergeben dieses Geschenk an das große, verbindende Feuer. Feiern Sie das Leben und Ihre Lebensfreude!

Lugnasad am 1. August

Verbundensein und Einssein zwischen Himmel und Erde/ Element Luft

In alten Zeiten wurden von den Kelten zu Lugnasad Kraftorte mit hoher Energie aufgeladen, um eine kraft- und lichtvolle energetische Verbindung in den Himmel zu schaffen. Das Gestalten des eigenen Zuhauses zu einem Ort der Kraft ist auch heute möglich, selbst wenn uns die Methoden der Energieanreicherung der Kelten nicht mehr bekannt sind. Zu Lugnasad wird auch die Ernte gefeiert.

Raumritual

In der Dynamik, Bewegung und Aktivität verbraucht sich vieles und nutzt sich ab. Reduzieren Sie an diesem Tag Kinderspielzeug, Sportsachen, Gartengeräte und all diejenigen Dinge, die Sie vorwiegend in der heißen Jahreszeit verwenden. Reparieren Sie kaputte Dinge, lassen Sie sie reparieren oder geben Sie sie weg. Halten Sie Ausschau nach Möglichkeiten des Teilens. Vielleicht gibt es in Ihrer Nachbarschaft jemanden, dem Sie eine Freude machen können?

Schenken Sie zum Tag der Ernte auch Ihren Zimmerpflanzen Beachtung und umsorgen diese ein wenig. Düngen Sie Ihre Pflanzen, topfen Sie um, damit sie die geballte Kraft des Sommers dann für Sie in die dunkle Jahreshälfte mitnehmen können.

Dankbarkeitsritual

Lugnasad ist energetisch für die Verbindung nach außen und nach oben angelegt. Verlassen Sie an diesem Tag Ihre vier Wände zu einem Dankbarkeitsritual anstelle des Räucherns. Besuchen Sie Ihren Kraftplatz in der Natur und bringen Ihrem Lieblingsplatz eine kleine Gabe, die Sie intuitiv auswählen. Dies können Süßigkeiten oder Blumen als Sinnbild für die Süße und Farbenpracht des Lebens sein. Achten Sie darauf, dass Ihre Gaben natürlich und biologisch abbaubar sind und vermeiden Sie bitte Verschmutzung. Legen Sie Ihr Geschenk in Liebe an Ihrem Kraftort ab und drücken Sie auf Ihre persönliche Weise Ihre Dankbarkeit aus. Verbinden Sie sich mit dem Platz und spüren Sie Ihrer eigenen Verbindung zwischen Himmel und Erde nach.

Gratulation! Sie haben nun über die Stufen des *Wahrnehmens* und des *Wertschätzens* wie auch über die Anstrengungen des *Handelns und Veränderns* Ihren Raum auf eine neue Stufe des Er-Lebens gehoben. Halten Sie an dieser Stelle bewusst inne und blicken Sie mit Stolz auf Ihr Zuhause, was Sie geschafft und geschaffen haben!

Freuen Sie sich an allen großen und auch kleinen Schritten, die Ihnen gelingen!

3.

Spüren und sein

Egal, wie viel Sie bewegt oder verändert haben, egal, ob alles genauso gelungen ist, wie Sie sich dies gewünscht haben: Erinnern Sie sich daran, wie Sie gestartet haben! Seien Sie dankbar für alles, was war und dafür, wie es jetzt ist.

Spüren und sein – Aufatmen und genießen

Genießen Sie den neuen Zustand Ihrer Räume und Ihres Zuhauses – und vielleicht spüren Sie leise **Veränderungen** ja auch schon in Ihrem Sein?

Weniger Haben – mehr Sein: zurück zur Essenz

Die in diesem Buch beschriebenen Rituale und Anregungen mögen dazu ermutigen, sich der Qualität der Zeit und der achtsamen Verbesserung der Atmosphäre Ihrer Räume bewusst und verantwortungsvoll zuzuwenden. Aus- und Aufräumen, verbunden mit dem Ritual des Räucherns, schafft Platz und reinigt unseren »Lebens-Raum«. Körper, Geist und Seele können aufatmen. Wenn wir loslassen und weniger haben, können wir wieder mehr sein. Nicht die Dinge besitzen uns, sondern *wir* gestalten den Rahmen für unser Leben bewusst und in Achtsamkeit. Indem wir uns von allem Überflüssigen trennen, erhält Besitz eine völlig neue Qualität. Nicht die Menge, sondern die Essenz der Dinge ist es, worauf es ankommt.

Wagen Sie den Schritt, sich von allem Überflüssigem im sichtbaren und unsichtbaren Bereich Ihrer Räume zu trennen.

Erst müssen wir und unsere Räume *im Reinen sein*.

Denn nur so kommen wir an *im reinen Sein*.

Achtsam sein und es auch bleiben

Sie haben sich nun im Lauf eines ganzen Jahres intensiv auf Ihre Räume mit all den sichtbaren und unsichtbaren Ebenen eingelassen. Sie haben ausgemistet, geordnet, losgelassen, geräuchert, gesäubert. Sie haben zu neuen Strukturen gefunden und Altes und Schweres aus Ihren Räumen entlassen. Sie haben Energien bewegt und umgeschichtet und vielleicht auch keinen Stein am anderen gelassen. Dafür ist Ihnen meine absolute Hochachtung sicher!

Ich weiß aus meiner Erfahrung, wie tief diese Prozesse führen können, wenn Sie sich wirklich darauf einlassen. Ich kenne viele der Wunden, die schmerzvoll aufreißen, aber durch diese Prozesse wirklich heilen dürfen. Und vor allem weiß ich, wie befreiend das Loslassen von Ballast sich auf das Wohlgefühl, die körperliche, emotionale und seelische Gesundheit auswirken. Die Kraft von Ritualen und das Räuchern werden seit Urzeiten angewandt, um den Weg zur nächsthöheren Stufe des Seins zu öffnen.

Der schwierigste Schritt auf dieser speziellen Reise durch Raum und Zeit ist gewiss der erste Schritt. Sie haben aber am Ende des Buches den ersten Schritt bereits getan. Sie haben sich Ihrem Zuhause zugewendet und Ihre Räume (und vielleicht auch Ihr Leben) in vielen Bereichen umge-krempel-t. Doch auch, wenn der anstrengendste Teil des Entrümpelns und Loslassens getan ist: Seien Sie ab nun besonders achtsam, womit Sie Ihren Lebens-Raum teilen.

Abschließend darf ich Ihnen noch zwei Anregungen mitgeben, um auch in Zukunft befreit und aufgeräumt zu bleiben:
- Machen Sie bei jeder Aufräumaktion in Ihrem Zuhause ein Vorher- und Nachher-Foto. So ist der Unterschied des Habens oder Seins für Sie jederzeit abrufbar.
- Für jedes neue Stück, das Einzug halten möchte, lassen Sie ein altes gehen. Dadurch übersteigt die Quantität der Dinge niemals wieder deren Qualität!

Verlassen Sie sich bitte auf Ihr Bauchgefühl und hören Sie auf Ihre innere Stimme. Die Rituale im Jahreskreis sind eine Möglichkeit, die Linearität und Monotonie der Zeit zu verlassen. Fühlen Sie sich darüber hinaus ermutigt, Ihre eigenen Rituale zu finden und zu leben. Wann immer Sie spüren, dass sich das Energiefeld verdichtet – physisch oder energetisch – nutzen Sie Ihr Ritual. Finden Sie Ihren eigenen Rhythmus, und gestalten Sie selbst in Eigenverantwortung die Räume und die Welt, in der Sie leben möchten.

»Sei du selbst die Veränderung, die du dir wünschst für diese Welt!« (Mahatma Gandhi)

It's not how big the house is, it's how happy the home is.

www.himmelunderde.com

Dank

Mein inniger Dank geht an die feinstoffliche Welt für all die Inspiration und Blickwinkel, die mir gewährt sind.

Auch danke ich von Herzen meinen Ahnen und meiner Familie für den Weg, den Ihr mir ermöglicht.

Besonders danke ich meinem großartigen Mann Alex für alle Unterstützung in diesen turbulenten Wochen und darüber hinaus.

Mein Dank gilt Susanne Strobach, die mich überhaupt erst zum Buchschreiben ermutigt hat.

Danke auch an das großartige Team des Kneipp Verlags für alle Unterstützung.

Und mein ganz besonderes Dankeschön geht an die großartige Fotografin Nikki Harris (www.nikkiharrisstudio.com): Deine Fotos setzen mein Buch erst in das beste Licht!

Über die Autorin

Dipl.-Ing. Sigrid Csurda-Steinwender

Geboren und aufgewachsen in Kärnten, im Süden Österreichs, wurde mein Weg bereits durch meine Eltern vorgezeichnet: Die Spiritualität einerseits und die Liebe zur Natur und den Bergen andererseits prägen mein Leben von Kindesbeinen an.

Mein abgeschlossenes Architekturstudium an der Technischen Universität Wien findet seine wunderbare Ergänzung in einer mehrjährigen Geomantie-Ausbildung, wodurch sich für mich mein beruflicher Kreis schließt. Langjährige Mitarbeit in renommierten Architekturbüros und vertiefende Lehrgänge in Schamanismus und Space Clearing schärfen mein Wissen und meine Talente im Lauf der Zeit zusätzlich.

Um meine Berufung leben zu können, folgt der Schritt in die Selbstständigkeit. Mit der Gründung von *Himmel und Erde* ist es mir möglich geworden, moderne Architektur mit dem alten Wissen der Geomantie zu einer Ganzheit zu verbinden. Lehrreiche Auslandsaufenthalte auf Hawaii, in Guatemala und Neuseeland erweiterten meinen Horizont zusätzlich. Das Kennenlernen und Eintauchen in die spirituelle und kulturelle Lebensweise, Wohnphilosophie, Baukunst und Tradition der *Maori* und *Maya* runden mein umfangreiches Wissen aus der europäisch-keltischen Tradition der Erdenergien ab.

Seit 2003 widme ich mich mit viel Hingabe und Sensibilität der ganzheitlichen Gestaltung von Räumen zum LEBEN.

Mit individuell auf Ihre Bedürfnisse angepassten und auf die vorhandenen Energiefelder abgestimmten Raumkonzepten öffne ich den Raum Ihrer Möglichkeiten zum BESSER WOHNEN – BESSER ARBEITEN – BESSER LEBEN.

Mehr dazu lesen Sie auf www.himmelunderde.com.

Quellen

- Isabell Farkasch: *Raunächte: über Wünsche, Mythen und Bräuche – Märchen für Erwachsene* (Verlag Goldegg, 2015)
- Christine Fuchs: *Räuchern im Rhythmus des Jahreskreises* (Verlag Franckh-Kosmos, 2015)
- Vicky Gabriel, William Anderson: *Der alte Pfad – Wege zur Natur in uns selbst* (Verlag Arun, 7. Auflage, 2010)
- Friedrich Kaindlstorfer: *Räuchern* (Kneipp Verlag, 2018), *Die Heilkraft des Räucherns* (Kneipp Verlag, 2016)
- Karen Kensington: *Feng Shui gegen das Gerümpel des Alltags* (Verlag RoRoRo, 8. Auflage, August 2018)
- Elisabeth Maria Mayer, Renate Fuchs-Haberl: *Erdenfrau – Heilpflanzen, Rituale und Rezepte im Wandel der Jahreszeiten* (Leopold Stocker Verlag, 2018)
- Elanor Ozich: *The Art of Simple* (Verlag Freies Geistesleben, 2018)
- Monika Philipp: *Jahreskreisfeste und Rituale – Altes und neues Wissen zum Jahreskreis* (Amazon, 2014)
- David Steindl-Rast, herausgegeben von Gary Fiedel und Karie Jacobson: *Dankbar Leben – ein inspirierendes Praxisbuch* (Vier-Türme-Verlag, 2018)
- DI Sigrid Steinwender: *Zwischen den Zeiten – die Rauhnächte: eine bewusste Betrachtung der dunklen Nächte* (Eigenverlag Himmel und Erde, 2017)

Für die in diesem Buch beschriebenen Rituale und Methoden übernehmen Autorin und Verlag keine Haftung. Der Inhalt des Buches wurde nach bestem Gewissen überprüft. Eine Garantie wird jedoch nicht übernommen und eine juristische Haftung ist ausgeschlossen. Weder Autorin noch Verlag haften für Schäden, die aus der Anwendung der im Buch vorgestellten Hinweise, Rituale oder Empfehlungen entstehen können. Die vorgestellten Methoden bieten keinen Ersatz für therapeutische oder medizinische Behandlung.

Hinweis
Die Autorin hat für die Inhalte dieses Buches nach bestem Wissen und Gewissen recherchiert und stellt mit den angebotenen Informationen keinen Anspruch auf Vollständigkeit. Weder sie noch der Verlag können Haftung in Bezug auf die Inhalte übernehmen.

Liebe Leserin, lieber Leser,

hat Ihnen dieses Buch gefallen? Dann freuen wir uns über Ihre Weiterempfehlung! Erzählen Sie Ihren Freunden davon, Ihrem Buchhändler, oder bewerten Sie es online.

Wollen Sie weitere Informationen zum Thema? Möchten Sie mit der Autorin in Kontakt treten? Wir freuen uns auf Austausch und Anregung unter **leserstimme@styriabooks.at**

Inspiration, Geschenkideen und gute Geschichten finden Sie auf **www.styriabooks.at**

© 2019 by Kneipp Verlag Wien
in der Verlagsgruppe Styria GmbH & Co KG
Wien – Graz
Alle Rechte vorbehalten.
ISBN 978-3-7088-0772-0

Covergestaltung: Johanna Uhrmann, www.johannauhrmann.at
Layout und Buchgestaltung: Johanna Uhrmann
Lektorat: Christine Dobretsberger, www.lineaart.at
Korrektorat: Martina Paul

Fotos: *Nikki Harris:* Cover, U4, S. 2, S. 125; *Sigrid Csurda-Steinwender:* S. 14, S. 19; *Fotolia:* S. 1 (Trifonenko Ivan), S. 13 (2mmedia), S. 20–21 (Pellinni), S. 26 (XtravagnT), S. 28–29 (Photographee.eu), S. 31 (spaxiax), S. 34 (taramara78), S. 36 (Irina), S. 39 (Maria); *iStock by Getty Images:* S. 10 (KatarzynaBialasiewicz), S. 23 (Peshkova), S. 24 (Milkos), S. 32 (Oleksandr Mordusenko), S. 40 Hanne Kobaek), S. 44 (NelleG), S. 47 (LittleBee80), S. 48 (stacey_newman), S. 51 (angel_nt), S. 60 (raddanovic), S. 62 (stockfour), S. 67 (hydrangea100), S. 68 (fotomem), S. 73 (Madeleine_Steinbach), S. 78 (Mike_Pellinni), S. 81 (Choreograph), S. 82 (badmanproduction), S. 85 (Murmakova), S. 87 (anyaberkut), S. 89 (ParkerDeen), S. 90 (GSPictures), S. 92 (bibikoff), S. 95 (SimonSkafar), S. 96 (cdbrphotography), S. 98 (svedoliver), S. 101 (Belodarova), S. 105 (ArchiViz), S. 107 (marrakeshh), S. 109 (Lana_M), S. 110 (zeljkosantrac), S. 112 (Sven Jakubith), S. 115 (KatarzynaBialasiewicz), S. 116 (Sergey_Ko), S. 119 (stockfour), S. 120 (Antonel), S. 123 (KatarzynaBialasiewicz), S. 127 (Patrick Daxenbichler), Vor- und Nachsatz (desifoto)

Druck und Bindung: FINIDR s.r.o.
Printed in the EU
7 6 5 4 3 2 1